Werner Mägdefrau

Mittelalterliches Thüringen 1024–1130

Vom 11. Jahrhundert bis zur Begründung der Landgrafschaft im 12. Jahrhundert

Band 2

Verlag Rockstuhl

Impressum
Herausgegeben von Harald Rockstuhl

Umschlaggestaltung: Harald Rockstuhl, Bad Langensalza

Titelbild: Burg Hohnstein im Jahr 1996.
Von 1110 - 1116 erwirbt Graf Konrad von Sangerhausen das Gebiet um den Hohnstein und beginnt mit dem Burgenbau. 1125 wird erstmals ein „Graf von Hohnstein“ erwähnt. Foto: Harald Rockstuhl, Bad Langensalza.

Buchrückseitenbild: König Heinrich I. kämpft gegen die Ungarn 933.
Sächsische Weltchronik, um 1270. Gotha,
Forschungsbibliothek/Universität Erfurt, Ms. Memb. I. 90, fol. 85 v.
Aus: Otto der Große, Magdeburg und Europa,
hg. von Matthias Puhle, Bd. 1, Mainz 2001, S. 201.

Bisherige Auflagen:
1. Auflage 2000 – 2. bearbeitete Auflage 2008 – 3. Auflage 2010 – 4. Auflage 2015

5. Auflage 2023
ISBN 978-3-932554-49-0

Satz und Layout: Harald Rockstuhl, Bad Langensalza

Druck und Bindearbeit: Digital Print Group Oliver Schimek GmbH, Nürnberg/Mittelfranken

Gedruckt auf alterungsbeständigem Papier nach ISO 9706

Die Deutsche Nationalbibliothek verzeichnet diese Publikation in der Deutschen Nationalbibliografie. Detaillierte bibliografische Daten sind im Internet über ***http://dnb.d-nb.de*** abrufbar.

Verlag Rockstuhl
www.verlag-rockstuhl.de

Inhaber: Harald Rockstuhl
Lange Brüdergasse 12 in D-99947 Bad Langensalza
Telefon: 03603 / 81 22 46 Telefax: 03603 / 81 22 47
www.verlag-rockstuhl.de

Inhaltsverzeichnis

Tief in die Vergangenheit führen die Spuren auf der Ahrensburg bei Seega. Erstmals wird die Burg 1197 im Zusammenhang mit den Herren von Arnsburg erwähnt.
Foto 1996: Harald Rockstuhl, Bad Langensalza.

Vorwort

Die Regierungszeit der salischen Könige bzw. Kaiser im römisch-deutschen Reich und die Begründung der Landgrafschaft Thüringen durch König Lothar III. von Supplinburg (1130), die in dieser Schrift behandelt werden, sind von großer Bedeutung für die Geschichte Thüringens ebenso wie für das Landes-, Traditions- und Identitätsbewußtsein der Thüringer in der Gegenwart.

Die Ereignisgeschichte in ihrer ganzen Dramatik steht im Vordergrund, zugleich werden die sozial-politischen Umbrüche und kirchlich-geistigen Wandlungen im 11. Jahrhundert und in der ersten Hälfte des 12. Jahrhunderts untersucht und dargestellt. Es wird der Versuch unternommen, ein Gesamtbild von der Geschichte Thüringens in ihrer Komplexität und Vielfalt, im Spannungsfeld zwischen Zentralismus und Regionalismus/Föderalismus, Reichspolitik und entstehender Landesherrschaft, Struktur und Reform beim Aufbruch und Übergang zum hohen Mittelalter im Kontext der deutschen und europäischen Geschichte und Kulturgeschichte zu vermitteln.

Es handelt sich um eine wissenschaftliche Untersuchung und Darstellung, die einen Beitrag zur thüringischen und deutschen Landesgeschichte leisten will und sich an ein breites Leserpublikum wendet.

Bis Ende 1997 erschienene Literatur wurde weitgehend berücksichtigt. In den Anmerkungen werden hauptsächlich Quellen und Zitate belegt sowie Forschungsprobleme aufgearbeitet. Der Abschluß des Manuskripts erfolgte im Frühjahr 1998.

Allen Fachkollegen, Schülern und Freunden sowie den Archiven, Bibliotheken und Museen, der Friedrich-Schiller-Universität Jena und den Thüringer Geschichtsvereinen, die diese Arbeit unterstützt und durch ihr Interesse gefördert haben, sei herzlich gedankt.
Besonderer Dank gebührt dem Verlag.

Jena, April 2000 *Werner Mägdefrau*

KAPITEL I

Sozial-politischer Umbruch und kirchlich-geistiger Wandel im 11. Jahrhundert. Herrschaft und Volksbewegung bis zum Ende der Salierzeit.

Unter Heinrich II. (1002 bis 1024), dem letzten König aus der sächsischen Dynastie sowie unter den ersten fränkischen Saliern Konrad II. (1024 bis 1039) und Heinrich III. (1039 bis 1056) konnte die Stellung des Königtums mit Unterstützung der Reichsministerialität, des niederen Adels und der Reichskirche wieder gestärkt werden. Dies gewährleistete eine relativ ungestörte Entwicklung in den deutschen Reichsgebieten während der ersten Hälfte des 11. Jahrhunderts. Es erfolgte der weitere Ausbau der königlichen Macht in Thüringen.
Wie die Herrscheraufenthalte in den sächsisch-thüringischen Königspfalzen während der Regierungszeit Heinrichs II. zeigen, wurden wichtige Entscheidungen unter anderem in Allstedt getroffen, vor allem aber entwickelte sich unter Heinrich II. neben Bamberg namentlich Merseburg zum Regierungszentrum. Das hängt damit zusammen, daß die Ost-, Polen- und Böhmenpolitik Heinrichs II. einen Schwerpunkt seiner Außenpolitik bildete, insbesondere die Beziehungen und Konflikte im Verhältnis zu Boleslaw Chrobry. In Merseburg hatte 1002 die Königserhebung Heinrichs II. stattgefunden. Zu diesem starken politischen Spannungs- und Kraftfeld mit einer außergewöhnlichen Verdichtung politischer Aktivitäten, das zwischen den bedeutenden Kaiserpfalzen Bamberg, Merseburg und Allstedt unter Heinrich II. entstand, gehörte der sächsische und thüringische Raum. Dessen große Adelsgeschlechter, die Ekkehardiner, Weimar-Orlamünder und Wettiner, sowie dessen Episkopat waren in weitaus stärkerem Maße als von den letzten Ottonenkaisern in die Reichs- und Ostpolitik einbezogen worden und an Heereszügen nach Polen und Böhmen beteiligt. Reglindis, insbesondere als Naumburger Stifterfigur bekannt geworden, eine Tochter des Boleslaw Chrobry, war die Gemahlin Hermanns, des ältesten Sohnes des ermordeten Markgrafen Ekkehard. Hermanns Schwester Mathilde war mit dem Wettiner Dietrich verheiratet, worin sich auch die ekkehardinisch-wettinische Interessengemeinschaft und Rivalität im Hinblick auf die Markgrafschaft Meißen in den Anfangsjahrzehnten des 11. Jahrhunderts verdeutlichte. Im Jahre 1013 trafen sich Heinrich II. und Boleslaw Chrobry in Merseburg zu einem Ausgleich. Diesem mehrtägigen Treffen war ein volles Jahrzehnt der Auseinandersetzung vorausgegangen, bevorstand die Romfahrt zur Kaiserkrönung, so daß geordnete und befriedete Verhältnisse in den Reichsgebieten nördlich der Alpen gesichert sein mußten. Es wurde zu einer Demonstration der Übereinstimmung. Die bereits von Otto III. in Gnesen mit Boleslaw vereinbarte Heirat zwischen Richeza, der Nichte Ottos III., und Boleslaws Sohn Mieszko II. kam nun in Merseburg zustande. Außerdem wurde festgelegt, daß sich sächsische Ritter an Boleslaws Zug nach Kiew und polnische Ritter an Heinrichs Krönungszug nach Rom beteiligen sollten. Im Januar 1017 trug Kaiser Heinrich II. während eines Aufenthaltes in der Pfalz Allstedt zur Beendigung von Fehden bei, vereinbarte er

Königsgut in Thüringen im 10./11. Jahrhundert. Zeichnung nach einem Entwurf von Rainer Lämmerhirt.

mit einer polnischen Gesandtschaft einen Waffenstillstand mit Boleslaw und empfing Gesandte aus Italien. Sein zweiter Allstedt-Besuch im Jahre 1017 dauerte von Ende Oktober bis Anfang Dezember, als er unter anderem für die Würzburger, Bamberger und Merseburger Kirche urkundete.

Die Itinerarkarte Konrads II., des Begründers der salischen Königsdynastie, belegt in Thüringen Besuche in Erfurt, Creuzburg, Altenburg, Zeitz, Merseburg und Nordhausen.

Im Zuge der Gottesfriedensbewegung hatte in Frankreich und Burgund ein gesittetes Leben unter dem Adel Platz gegriffen. Dies brachte die junge Gattin des deutschen Königs und späteren Kaisers Heinrich III., Agnes von Poitou, seit ihrer Vermählung (1043) mit ihrer romanischen Umgebung an den römisch-deutschen Kaiserhof. Dadurch und noch mehr durch Begegnungen und Erfahrungen während der Italien- und Romzüge sowie der im ausgehenden 11. Jahrhundert einsetzenden Kreuzzüge nach dem Orient erfuhr die deutsche Adels- und Burgenkultur starke Impulse und nachhaltige Bereicherungen. Seit der Mitte des 11. Jahrhunderts wirkten neben dem weiteren Herrschafts- und Landesausbau durch die Könige der Salier-Dynastie, die Fürsten und den Adel vor allem kirchliche Reformbewegungen und der Investiturstreit, die Entstehung und Entwicklung der Städte und der Ministerialität, Bauernunruhen und Adelserhebungen auf die Geschichte Thüringens ein.

I.1. Rodung und Siedlung, Städte, Grund- und Adelsherrschaften

Im Laufe des 11. Jahrhunderts begann ein Aufschwung der Rodung, Siedlung und Kultivierung, der bis ins 13. Jahrhundert andauerte. Diese kraftvolle Entfaltung des Landesausbaus im hohen Mittelalter war in Thüringen mit der entstehenden Landesherrschaft verbunden. In dessen Verlauf wurden in Thüringen vom 11. bis 13. Jahrhundert unter anderem die Waldzonen durch Rodung und Siedlung beträchtlich verringert, worauf Ortsnamenendungen wie roda, gereuth heute noch hinweisen. Der Thüringer Wald und das Thüringer Schiefergebirge wurden im Zuge der bergbaulichen Erschließung ihrer Bodenschätze (unter anderem Silber und Eisenerze, Kupferschiefer, Manganerze) im hohen Mittelalter zu großen Teilen in die thüringische Kultur- und Siedlungslandschaft einbezogen. Darüber hinaus entstanden in diesem Zeitraum die ersten Städte im thüringischen Raum.
Im Gebiet zwischen Rhein und Elbe/Saale betrug die Zahl der Handelsplätze zur Karolingerzeit, also im 8./9. Jahrhundert, schätzungsweise etwa 40, und sie stieg im Laufe des 10. Jahrhunderts auf etwa 90 an; indessen vermittelten im 11.Jahrhundert ungefähr 140 Marktorte den Warenaustausch in diesem Gebiet.[1] Im thüringischen Raum existierte ebenfalls schon vor dem 11./12. Jahrhundert eine Anzahl von Marktorten und Münzstätten: die Ware-Geld-Beziehungen hatten sich ausgeweitet, und das Straßen- und Wegenetz verdichtete sich. Der Übergang von den Handwerker-Kaufleute-Siedlungen mit Marktfunktion des 9. und 10. Jahrhunderts, wie sie zu dieser Zeit unter anderem in Erfurt, Mühlhausen, Nordhausen und Naumburg existierten, zur Herausbildung der mittelalterlichen Städte begann in Thüringen im Laufe des 11. Jahrhunderts mit Erfurt und vollzog sich späterhin auf breiterer Grundlage in weiteren Entstehungs- bzw. Gründungsperioden. Dabei erlangten diejenigen frühstädtischen Siedlungen besondere Bedeutung, die aus Niederlassungen von Handwerkern, Kaufleuten und Fernhändlern an den Wirkungsstätten des Könitgums, des Adels und der Kirche, im Schutze von Burgen und Herrensitzen entstanden. Es bildeten sich Siedlungskomplexe heraus, zu denen jeweils Herrschaftssitz, Kaufmannsniederlassung, Handwerkersiedlung und Markt gehörten.
Langsam wuchsen im 11. Jahrhundert Siedlungen über agrarische Verhältnisse hinaus in Vorformen der späteren Städte, während die Bevölkerungszunahme im 12. Jahrhundert diesen Prozeß beschleunigte. Für Würzburg kann das Marktprivileg von 1030 als Wachstumszeichen gelten. In der ehemaligen Römerstadt Regensburg ist um 1050 von einem Stadtteil der Kaufleute auszugehen. Schwierigkeiten mit unzufriedenen Ministerialen (Dienstmannen) hatte Erzbischof Bardo

Der Blick auf den Dom von Erfurt im Juli 1999. Foto: Volkmar Jäger, Schönstedt.

von Mainz (1031 bis 1051) in seiner Diözese. Erzbischof Adalbert I. von Mainz (seit 1122) aktivierte die Entwicklung Aschaffenburgs wie diejenige Erfurts. Nicht mehr in einer Grundherrschaft abhängige Handwerker waren in Erfurt, aber sicherlich auch anderswo in frühstädtischen Marktorten Thüringens, ansässig geworden.

Das seit dem 8. Jahrhundert aufstrebende *„Erphesfurt"*, geographisch in der Mitte Thüringens gelegen, entwickelte sich zum ökonomischen und kirchlichen, für lange Zeit auch politischen Mittelpunkt Thüringens; Erfurt machte vom 9. bis 11. Jahrhundert so große Fortschritte in seiner Entwicklung, daß die Siedlung *„Erphesfurt"* seit der Mitte des 11. Jahrhunderts als erste thüringische Stadt mit einer stadtgemäßen Wehranlage gelten kann. Während sich im 12. Jahrhundert mehrere Orte der Königsherrschaft zu Städten weiterentwickeln konnten, so Mühlhausen, Nordhausen, Saalfeld oder Altenburg, gelangte dieser seitens der Reichsgewalt ähnlich angelegte Entwicklungsweg anderenorts auf Grund unzureichender Bedingungen hinsichtlich der Entfaltungsmöglichkeiten von Gewerbe und Handel nicht zur Stadtbildung, wie beispielsweise die Geschichte Tilledas, Memlebens und Wallhausens zeigt. Erfurt war die einzige thüringische Handwerker-Kaufleute-Siedlung, auf die schon in der zweiten Hälfte des 11. Jahrhunderts die wichtigsten Merkmale zutrafen, die dazu berechtigten, eine mittelalterliche Siedlung als Stadt zu bezeichnen: hier konzentrierten sich Gewerbe und Handel, hier fand der Austausch der städtisch-handwerklichen Produkte gegen die land- und viehwirtschaftlichen Erzeugnisse der agrarischen Umgebung auf dem städ-

Der Erfurter Dom um 1899. Sammlung: Harald Rockstuhl.

tischen Markt statt; noch im 11. Jahrhundert kam mit großer Wahrscheinlichkeit als weiteres Merkmal der Mauerring hinzu, der späterhin als allgemeines äußeres Symbol der mittelalterlichen Städte galt. Einer chronikalischen Nachricht zufolge soll Erfurt im Jahre 1066 die erste Stadtbefestigung erhalten haben. Die wahrscheinlich 1066 errichtete Stadtumwallung zeigt die Anstregungen der handel- und gewerbetreibenden Bewohner der Erfurter Siedlung, größere Sicherheit als notwendige Voraussetzung für das friedliche Wachsen und Gedeihen ihres entstehenden Gemeinwesens zu schaffen. Erfurt, Königsort und mainzisch-erzbischöfliches Kirchenzentrum, war die erste befestigte Stadt in Thüringen. Für Erfurt ist eine Stadtrechtsverleihung nicht bekannt. Entweder handelt es sich um eine Lücke in der Quellenüberlieferung oder der Stadtcharakter Erfurts war inzwischen schon so offensichtlich, daß kein Rechtsakt des Stadtherrn mehr als notwendig erachtet wurde. Im 10. Jahrhundert waren lediglich einige ehemalige Römersiedlungen an Rhein und Donau befestigt und im 11. Jahrhundert erhielt auch nur eine begrenzte Anzahl von Städten in den fortgeschrittenen Reichsteilen Stadtbefestigungen, zum Beispiel die Küstenstädte Bremen und Hamburg, sowie Lüneburg, Braunschweig und Goslar, oder im süddeutschen Raum Bamberg, Würzburg und Ulm. Angesichts dessen ordnet sich die Erfurter Stadtbefestigung von 1066 relativ frühzeitig in die allgemeine Geschichte der Stadtentstehung ein. Dabei ist davon auszugehen, daß in Erfurt wie in anderen Städten zwischen Rhein und Elbe im 11. Jahrhundert vorerst nur eine Befestigung mit Palisaden, Wall und Graben bestand, bevor in Erfurt um die Mitte des 12. Jahrhunderts eine Steinmauer um die Stadt herum angelegt wurde. Es hatte sich neben und in Verbindung

Aus dem Buch: „Über den Einfluß des vormaligen Peterklosters Benedictiner - Ordens zu Erfurt auf religiös-moralische und wissenschaftliche Kultur nach den verschiednen Zeitaltern von seiner Entstehung an bis zu seiner Aufhebung 1803" von Placidus Muth. (Reprint Verlag Rockstuhl,) Sammlung Hans-Peter Brachmanski, Erfurt.

mit den weltlichen und geistlichen Herrschaftszentren sowie der ältesten agrarischen Siedlung an diesem alten Marktort und wichtigen Flußübergang ein wachsendes Wirtschaftsleben entwickelt. Die erste Handwerkersiedlung entstand vermutlich am Fuße des Petersberges. Ihre Anfänge gehen wahrscheinlich bis in die fränkische Zeit zurück. Spätestens im 11. Jahrhundert bestand eine Siedlung von fest ansässigen Kaufleuten auf dem Ostufer der Gera. Diese kaufmännische Siedlungsgemeinschaft gruppierte sich seitdem um die ecclesia mercatorum, die Kaufmannskirche, die dem Heiligen Gregor von Utrecht geweiht war. Erfurt gehörte unter den frühstädtischen Siedlungen in Deutschland, die den Entwicklungsrückstand gegenüber den fortgeschritteneren Gebieten an Rhein und Donau allmählich aufholten, zu den im Stadtentstehungsprozeß führenden Orten. Zunächst wurde in Erfurt Pfenniggeld für die Bedürfnisse des Lokalmarktes geprägt. In einem slawischen Grab in Windischholzhausen bei Erfurt gefundene Fernhandelsdenare, unter anderem Prägungen des Erzbischofs Bardo um 1040, unterstreichen die Bedeutung der Münzstätte Erfurt für die Fernhandelsbeziehungen der sich herausbildenden Stadt. Die Erzbischöfe Aribo (1021 bis 1031), Bardo (1031 bis 1051) und Lupold (1051 bis 1059) haben in Erfurt Münzen prägen lassen. Unter Erzbischof Aribo von Mainz trat Erfurt als Münzstätte hervor. Um 1025 ließ er in

Münzstätten Thüringens (1025) 1130–1330

Hauptmünzstätten:

Altenburg	Eisenach	Erfurt	Gotha
Mühlhausen	Nordhausen	Saalfeld	

Münzstätten mit hoher Prägekontinuität:

Arnstadt	Gera	Jena	Naumburg
Pegau			

Münzstätten mit geringer Prägekontinuität:

Allendorf	Apolda	Blankenburg	Breitungen
Camburg	Coburg	Ellrich	Frankenhausen
Dornburg	Gerode	Gerstungen	Gräfentonna
Greußen	Groitzsch	Heiligenstadt	Kölleda
Königsee	Langensalza	Magdala	Meiningen
Neustadt/Orla	Oldisleben	Orlamünde	Plauen
Remda	Roda	Schlotheim	Schmalkalden
Stadtilm	Sulza	Tannroda	Treffurt
Vacha	Weida	Weißensee	Zeitz

Münzstätte ungewiß:

Bibra	Burgau	Duderstadt	Eckartsberga
Eisenberg	Elsterberg	Freyburg	Großenehrich
Kahla	Kapellendorf	Kelbra	Ilfeld
Sondershausen	Weißenfels	Weimar	Wiehe
Worbis			

Münzstätten Thüringens (1025) 1130–1330. Entwurf von Wolfgang Steguweit. Sammlung Werner Mägdefrau.

Erfurt zweiseitige Denare prägen, die Kreuz und Kirche oder das Kopfbild des Erzbischofs zeigen. Ganz ähnlich sind die Denare des nachfolgenden Erzbischofs Bardo gestaltet. Aufschlußreich ist, daß einige Denare König Heinrichs III. der Münzstätte Erfurt eindeutig zugewiesen werden können und auch Gemeinschaftsprägungen des Kaisers und des Erzbischofs Lupold vorhanden sind, was die Präsenz der Reichsgewalt in Erfurt eindrucksvoll belegt.

Die Münzstätte der Erzbischöfe von Mainz und ihr Marktrecht, die Ansiedlung fremdstämmiger Zuwanderer wie Friesen und Slawen, Flamen und Juden sind bezeichnend dafür, daß sich in Erfurt relativ frühzeitig der Übergang von der frühmittelalterlichen Handwerker-Kaufleute-Siedlung mit Marktfunktion an Gra-

fensitz, Königs- und Kirchengut zur hochmittelalterlichen Stadt des Erzbistums Mainz vollzog. Im Jahre 1120 wird Erfurt in Verbindung mit der nur für Bürger einer Stadt gebrauchten lateinischen Bezeichnung *„cives"* erstmals als Stadt ausgewiesen. *„Erfurt ist damit die ersterwähnte Stadt in Thüringen."*[2]
Die Rolle Arnstadts als Handelsplatz ist durch Funde von Königsmünzen (Denare) aus der Regierungszeit Heinrichs III. (1039 bis 1056) mit seinem Namen und dem Ortsnamen Arnistat belegt.
Auch die thüringischen Städte entstanden auf dem Boden weltlicher oder geistlicher Grundherren, deren ungeteilter Herrschaft die Städte anfangs unterstanden.
Von Zeitz nach Naumburg wurde seit 1028 der Bischofssitz verlegt. 1033 übersiedelten die Kaufleute von Großjena, dem Stammsitz der Ekkehardiner, die dieses Gebiet beherrschten, nach Naumburg. Es ist bereits im 11. Jahrhundert ein enger Zusammenhang zwischen Bischofssitz, Kaufmannssiedlung und Fernhandelsmarkt sichtbar. Im Jahre 1144 wird Naumburg als Stadt (*„civitas"*) erwähnt. Münze und Zoll standen dem Bischof zu. In der geldgeschichtlichen Periode des Fernhandelsdenars kann auch Naumburg seit dem 11. Jahrhundert als kontinuierlich arbeitende Münzstätte Thüringens gelten. Naumburg gewann überhaupt im Rahmen der Entwicklung der Märkte und werdenden Städte frühzeitig stadtbildende Qualitäten. Um 1010 siedelten die Söhne des ehemals mächtigen Markgrafen Ekkehard I. von Meißen (gest. 1002), Hermann und Ekkehard, von Großjena (Gena) nordwestlich von Naumburg auf die *„neue Burg"* (Naumburg) über, den späteren Sitz der Bischöfe und Dompröpste. Die Ekkehardiner hatten diese „neue Burg" auf jenem Naumburger Hochplateau erbauen lassen, von dem aus zwei Handelswege beherrscht werden konnten, und zwar der Königsweg und die von Nürnberg kommende Frankenstraße, und wo generell günstigere Lagebedingungen für Kaufleute und Handwerker bestanden als in Gena bei Naumburg. Dort, an diesem Ort unweit von Naumburg an der Unstrut, hatte der alte Markgraf Ekkehard um die palisadenbewehrte Burg Handwerker und Kaufleute angesiedelt, die nun von Gena, das Dorf blieb, in den Herrschaftsbereich der neuerrichteten Burg nach Naumburg umgesiedelt wurden. Die Gründung geistlicher Institutionen in oder neben weltlichen Herrensitzen knüpfte im allgemeinen an die jeweilige Burgkapelle an, die durch einen repräsentativen Sakralbau ersetzt oder ergänzt wurde. So gründeten die Ekkehardiner - nach der Verlegung ihres Hauptsitzes nach Naumburg - in der Vorburg eine Chorherrenpropstei. In Naumburg hatten die Ekkehardiner auch mit der Stiftung der beiden Haus- und Familienklöster St. Georg und St. Moritz in Verbindung mit der Burganlage weitere Grundlagen zu einer größeren Siedlung geschaffen. Naumburg, das sich zur Stadt entwickelte, erhielt von König Konrad II. 1028 das Marktrecht verliehen. Da Hermann (gest. 1032) und Ekkehard (gest. 1046) ohne männliche Nachkommen blieben, übertrugen sie noch zu ihren Lebzeiten ihren Naumburger Besitz der Bischofskirche in Zeitz - unter der Bedingung, den Bischofssitz nach Naumburg zu verlegen und die von ihnen gestiftete Kirche in Naumburg in den Rang einer bischöflichen Kathedralkirche, eines Domes, zu erheben. Infolge der Rückschläge, die die Ostexpansion seit dem großen Slawenaufstand von 983 erlitt, wurde der Bischofssitz von Zeitz nach Naumburg zurückverlegt. Zeitz war als vorgeschobener Posten in

Burg Hohnstein im Jahr 1996. Von 1110–1116 erwirbt Graf Konrad von Sangerhausen das Gebiet um den Hohnsein und beginnt mit dem Burgenbau. 1125 wird erstmals ein „Graf von Hohnstein" erwähnt. Foto Harald Rockstuhl, Bad Langensalza.

den kriegerischen Auseinandersetzungen mit den benachbarten, unterworfenen Slawen lange Zeit gefährdet, so daß Papst Johann XIX. (1024 bis 1032) die Genehmigung dazu erteilte und 1032 noch zu Lebzeiten Ekkehards die Verlegung in das besser befestigte, sichere Naumburg erfolgte. Zwischen 1030 und 1044 entstand ein heute nicht mehr erhaltener, St. Peter und Paul geweihter Dom. 1033 erteilte Bischof Kadeloh (Cadalus) von Naumburg den Kaufleuten, die ihren dauernden Wohnsitz in Naumburg nehmen sollten, ein Privileg: er sicherte den Kaufleuten Erbrecht an Grundstücken, auf denen sie sich niederlassen sollten, zu - mit der Möglichkeit freier Verfügung über diesen Besitz und persönliche Freiheit; er behielt sich das Obereigentum vor und forderte einen jährlichen Geldzins. Im übrigen sind die Nachrichten über das ius mercatorum, das Recht der Kaufleute, über den Rechtsstatus der Kaufleute und Handwerker, ihre Pflichten und Rechte aus der Frühgeschichte der thüringischen Marktorte vor dem 12. Jahrhundert äußerst spärlich. Es ist aber erkennbar, daß entlang der Flüsse und großen Handelswege an mehreren Orten neben Burg-, Kloster-, Bischofs- und Stiftssiedlungen auch Kaufmannsniederlassungen entstanden, die auch den wandernden Fernkaufleuten Schutz und Betätigungsmöglichkeiten boten. Die Rechtslage dieser Kaufmannssiedlungen zeichnete sich sicherlich durch Freiheit ihrer Bewohner von der Bindung an die Scholle und freie Verfügung über ihre Person, ihren Besitz und ihre Tätigkeit aus.

Die ehemals ottonische Pfalz Saalfeld schenkte König Heinrich II. (1013/1014) an den Pfalzgrafen Erenfried (Ezzo) von Lothringen. Nach dem Tode Ezzos 1034 erbte seine Tochter Richeza dessen thüringische und fränkische Güter um Saalfeld und Coburg. Ezzo, Richezas Vater, begleitete seit 1020 das Amt des rheinischen Pfalzgrafen. Diesem hatte König Heinrich II. 1013 im Friedensschluß zu Merseburg nach Auseinandersetzungen um Reichsgüter und mit Polen unter anderem das Reichsgut Saalfeld überlassen. Königin Richeza mußte nach dem Tode ihres Gatten, König Mieszkos II. von Polen, im Jahre 1034 Polen verlassen. Sie begab sich wohl 1047 nach dem Tode ihres Bruders Otto nach Saalfeld, wo sie - wie 1034 schon ihr Vater Erenfried (Ezzo) - am 21. März 1063 verstarb. Richeza hatte 1056 die beiden Plätze Saalfeld und Coburg an Erzbischof Anno II. von Köln (1056 bis 1075) übertragen. Dafür forderte sie die lebenslängliche Nutzung dieser Güter, Einkünfte des Erzstifts aus sieben Orten im Mainzer und Kölner Raum sowie 100 Pfund Silber jährlich aus der erzbischöflichen Kammer. Ein Jahr später, 1057, bestätigte der Kölner Erzbischof die Übertragung der Besitzungen zu Saalfeld und Coburg an das Erzbistum Köln durch Richeza; der Kleider- und Tuchzehnt sowie der Honig- und Wachszehnt wurden den Mönchen von Brauweiler bei Köln zugestanden.[3] Diese Zehntabgaben flossen aus einem größeren Einzugsgebiet in Saalfeld zusammen; sie wurden nicht zuletzt von der Bevölkerung des Orlagaus aufgebracht. Am 25. Juni 1057 bestätigte Erzbischof Anno II. von Köln die Übergabe der Saalfelder Besitzungen der Königin Richeza von Polen, Tochter des Pfalzgrafen von Lothringen, an das Kölner Erzstift. Damit wurde zugleich die Burg Saalfeld urkundlich genannt, die den Mittelpunkt des ezzonisch-lothringischen Besitztums um Saalfeld und im Orlagau bildete. Bei diesem Salaueldon castellum handelte es sich um die ehemalige Reichsburg der ottonischen Kaiser, die als Pfalz das Zentrum der provincia Salaveld war. Saalfeld erweist sich in wirtschaftlicher, kirchlicher und herrschaftlicher Hinsicht als regionaler Zentralort des Saale-Orla-Gebietes, an dem die Tradition der karolingischen curtis wie der ottonischen Pfalz in der Salierzeit ihre Fortsetzung fand. Am 21. März 1063 verstarb die Königin Richeza von Polen auf der Burg Saalfeld, ihrem Witwensitz. Nach dem Tode Richezas fiel der gesamte, aus Reichsgut stammende Saalfelder Besitzkomplex der Ezzonen dem Kölner Erzstift zu. Dieser war umfangreich: er umfaßte den auf dem Westufer der Saale gelegenen Vorort Saalfeld sowie dessen weites Hinterland und erstreckte sich bis ins Orlaland rechts der Saale. 1071 gründete Erzbischof Anno II. von Köln in Saalfeld das Benediktinerkloster St. Peter und Paul, und zwar am Platze der Königspfalz, bzw. der lothringischen Burg der Königin Richeza, um die Mission unter den noch heidnischen Slawen im sorbischen Grenzgebiet von einem gesicherten Stützpunkt an der Saale aus voranzutreiben und seinen Einfluß in Süd-Ost-Thüringen zu verstärken. Die Klosterkirche St. Peter und Paul war eine dreischiffige romanische Basilika mit kurzem, nicht weit über die Seitenschiffe herausragenden Querhaus. Auf der Vierung befand sich ein mächtiger Turm. Die Zweiturmfassade als Westabschluß wurde vermutlich zu Beginn des 12. Jahrhunderts erbaut. An der Nordseite schlossen sich Kreuzgang, Klosterhof, Konvents- und Wirtschaftsgebäude an. Rheinische Bauwerke der *„Annozeit“* bildeten ihr Vorbild. Die Mittelpunkte der

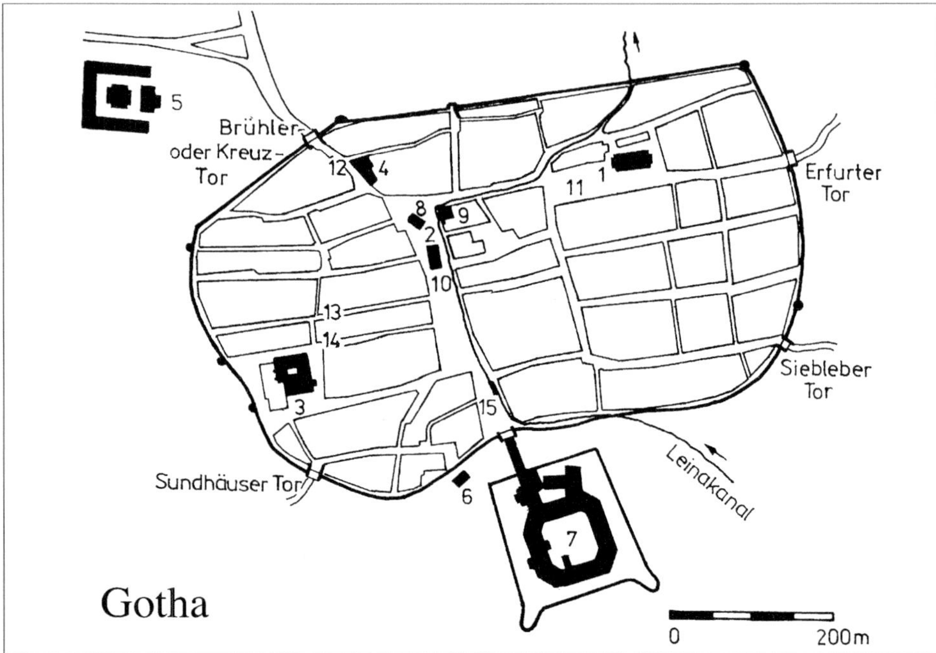

Gotha im hohen Mittelalter. 1. Margarethenkirche, 2. St. Jakobskapelle, 3. Augustinerkloster, 4. Hospital, 5. Kreuzkloster, 6. Marienkirche, 7. Schloß Grimmenstein, 8. Alter Markt, 9. Rathaus, 10. Kaufhaus, 11. Neuer Markt, 12. Brühl, 13. Salzengasse, 14. Jüdengasse, 15. Bergmühle. Zeichnung nach Rainer Lämmerhirt, Mihla.

Saalfelder Besitzungen des Kölner Erzstifts waren das neu errichtete Kanonikerstift in der ehemaligen Reichsburg auf dem Saalfelder Petersberg, das Erzbischof Anno II. von Köln 1071 in ein reich dotiertes Benediktinerkloster - das Peterskloster - umwandelte und 1071/1072 mit Mönchen aus Siegburg und aus St. Pantaleon in Köln besetzen ließ sowie ein ebenfalls neu geschaffener erzbischöflicher Hof im Bereich des späteren Hohen Schwarms. In Saalfeld führte Erzbischof Anno II. von Köln 1071/1072 das Siegburger Mönchtum ein. Die Herrschaft der Ezzonen und Kölner Erzbischöfe im Saalfelder Raum bestand fast 170 Jahre, und zwar bis zur Neuordnung der Reichsgutverwaltung nach der Absetzung Heinrichs des Löwen 1180/ 1181.

Möglicherweise zwischen 1057 und 1074, ganz sicher aber zwischen 1063 (1125) und 1180, also in der Zeit der erzbischöflich-kölnischen Herrschaft, wurde das Saalfelder Dienstrecht der Kölner Erzbischöfe aufgezeichnet, das die wirtschaftlichen und rechtlichen Verhältnisse am Ort und in der Region widerspiegelt.[4] Der Erzbischof von Köln legte für seine Saalfelder Herrschaft („*dominatio*“) fest, den Freien und Bauern, den Jägern und allen dazugehörenden Eigenleuten das Recht und die besten Gewohnheiten zu belassen, die sie zur Zeit für sich nachweisen

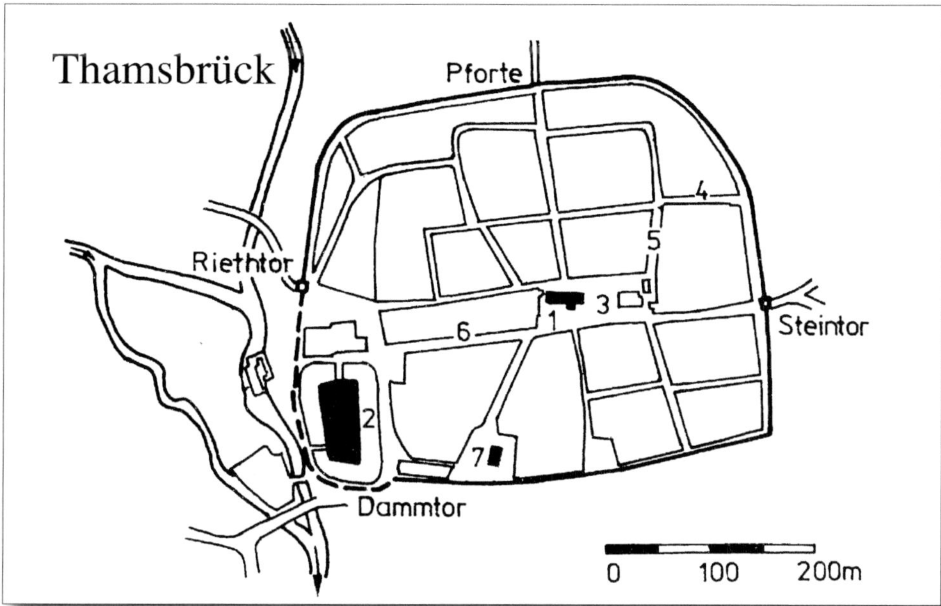

Thamsbrück in der Zeit zwischen dem 11. und 13. Jahrhundert. 1. Kirche, 2. Burg, 3. Markt, 4. Klingenstraße, 5. Brauhausstraße, 6. Hauptstraße, 7. Backhausberg. Zeichnung nach Rainer Lämmerhirt, Mihla.

konnten. Das Hofrecht des Kölner Erzbischofs deutet auf geordnete grundherrschaftliche Verhältnisse hin. Alle Angehörigen der bischöflichen 'Familia' waren verpflichtet, Wein anzubauen und zu erzeugen, Punsch, Met und Bier zu brauen, Leinen und Tücher zu weben, den 'Wurm' genannten roten Farbstoff zu produzieren und von den genannten Produkten entsprechende Abgaben zu leisten, ebenso von Mehl, Salz und Schweinen. In der Erntezeit mußten alle abhängigen Leute auf den Höfen und Vorwerken, die zum Haupthof gehörten, in der Woche drei Tage Frondienste auf dem Hofe des Bischofs leisten. Dabei werden in diesem Hofrecht diejenigen Abhängigen besonders erwähnt, die eine Landparzelle übertragen bekommen hatten und diesen Besitz mit ihrer Familie selbständig bewirtschafteten, sowie Hufenbesitzer, die Boten- und Kriegsdienste zu Pferd leisteten und in einem freieren Status lebten.
Zur „*Familie*" des Erzbischofs, seiner Hofhaltung, gehörten die Jäger (venatores) mit dem Jägermeister (magister venatorum) an der Spitze. Die Jagd spielte in den wildreichen Waldgebieten eine große Rolle. Sie wurde nicht nur wegen des Wildbrets ausgeübt, sondern sie war nicht weniger nötig zur Bekämpfung des Raubwildes einschließlich der gefürchteten Bären und zum Schutz der Rodungs- und Siedlungsvorgänge in den dichten Wäldern. Sogar eine Belohnung wurde für die Anzeige einer Bärenspur ausgesetzt. Jedem Bauern und Lehnsträger oblagen Pflichten bei den Jagden, zum Beispiel als Wildtreiber, die Jäger zu verpflegen und das erlegte Wild (Rotwild, Wildschweine) zu einer Sammelstelle zu tragen.

Förster hatten für den Transport der Jagdbeute in die bischöfliche Speckkammer nach Köln oder an andere Orte sowie für den Unterhalt der Jagdhunde zu sorgen. Mit der Abgabe eines Rindes wird vom Meier bestraft, wer den Bischof bei der Jagd störte. Jagd und Jägerei nahmen im Saalfelder Dienstrecht der Kölner Erzbischöfe einen herausgehobenen Platz ein.
Weiter wird darin verordnet, daß kein freier Mann (liber homo) ohne die Erlaubnis des Bischofs roden durfte. Das Fischen bedurfte ebenfalls der bischöflichen Genehmigung. Ein Slawe, der den Honig zum festgelegten Termin nicht ablieferte, wurde in Fesseln gelegt und zur Lieferung gezwungen. Jeder Dieb, auch ein Slawe, sollte Frau und Kinder durch Verknechtung verlieren. Im übrigen sollte jeder Diebstahl dem Vogt oder Meier angezeigt werden, der dann den Dieb zu bestrafen hatte.
Der Bischof übte im gesamten Gebiet den Mühlen- und Marktbann aus. Nur auf dem Markt durften Brot, Fleisch und Bier ver- und gekauft werden. Der Verkauf von Schweinen, Rindern und Schafen sowie von Getreide und Honig außerhalb des Landes (extra patriam) war genehmigungspflichtig, und der Vogt hatte Menge und Preis festzulegen. Beim Verkauf eines Sklaven oder hochwertiger Güter innerhalb des Landes mußte eine Marktabgabe (theloneum) entrichtet werden.
Im Falle einer Fehde mußten alle bischöflichen Ministerialen (servientes episcopi), die Dienstlehen besaßen, mit eigener Ausrüstung und Verpflegung dem Bischof in den Kampf folgen. Die slawischen Ministerialen (sclavi servientes) sollten Botendienste leisten; ihnen wurden beim ersten und zweiten Versäumnis jeweils 30 Schillinge Strafe angedroht, beim dritten Versäumnis sollten sie ihr Dienstlehen verlieren.
Somit vermittelt das Saalfelder Dienstrecht der Kölner Erzbischöfe einen recht detaillierten Einblick in die dortigen Wirtschafts-, Abhängigkeits- und Rechtsverhältnisse im 11. Jahrhundert. Als noch *„halbheidnisch"* bezeichnete 1071 Erzbischof Anno von Köln die Bevölkerung des Orlagaus im ostsaalischen Einflußbereich des Erzbistums Köln, und er leitete daraus die Missionsaufgaben der Kirchen und Klöster ab. Lampert von Hersfeld besichtigte im Jahre 1071 die Reformklöster in Siegburg und Saalfeld.[5] Die Bronzeglocke der Dorfkirche Graitschen bei Jena, die um 1050 gegossen wurde, wird im Germanischen Museum Nürnberg aufbewahrt.
Neben dem Königtum bzw. in Verbindung mit dem Königtum, wirkten in Thüringen namhafte geistliche Herrschaften und weltliche Adelsgeschlechter.
Sein Bruder Gunzelin folgte dem 1002 verstorbenen Ekkehard I. als Markgraf von Meißen, wurde aber schon 1009 durch König Heinrich II. wegen Vernachlässigung der Reichsinteressen wieder dieses Amtes enthoben. Danach ging die Markgrafschaft Meißen an Hermann, den ältesten Sohn Ekkehards I., über. Ekkehards jüngster Sohn, Gunter, war 16 Jahre lang, von 1008 bis 1024, Kanzler des Reiches. Hermann war, was den Beziehungen zu den östlichen Nachbarn sicherlich förderlich war, mit Reglindis, der Tochter des polnischen Königs Boleslaw Chrobry (gest. 1025), verheiratet. Die Burg Meißen war inzwischen zum Hauptherrschaftssitz der Ekkehardiner geworden. Nach dem Tode Hermanns 1032 trat sein jüngerer Bruder Ekkehard II. die Nachfolge an. Seine Ehe mit Uta

von Ballenstedt aus dem Hause der Askanier und sein energisches Wirken führten zu einer noch tieferen Verankerung der Ekkehardiner in die Ost-, Böhmen- und Ungarnpolitik des Reiches. Im Jahre 1035 ist Markgraf Ekkehard von Meißen in der Umgebung Kaiser Konrads II. in Bamberg nachweisbar. Im Juni dieses Jahres wurde Herzog Adalbero von Kärnten aus dem Geschlecht der Eppensteiner, der auch über die karantanische Mark, sowie über die Marken Istrien und Verona herrschte, des Hochverrats angeklagt. Sowohl Markgraf Adalbert von Österreich als auch Markgraf Ekkehard von Meißen befanden sich unter den versammelten Fürsten, die an diesem großen Lehensprozeß wegen infidelitas (Untreue) beteiligt waren. Der Hofgerichtsspruch, den die Fürsten fällten, verkündete die Absetzung Herzog Adalberos und seine Verbannung. Die Ekkehardiner starben mit Hermann (gest. 1032), dem ältesten Sohn Ekkehards I., und mit Hermanns jüngerem Bruder, Ekkehard II. (gest. 1046) aus. Seit längerer Zeit hatte das Geschlecht seinen Herrschaftssitz auf der Burg Meißen, dem Hauptort der Markgrafschaft Meißen, wo die Ekkehardiner seit Ekkehard I. als Markgrafen herrschten. Ekkehard II. und sein Bruder Hermann hatten im Sinne Kaiser Konrads II. die notwendige Verlegung des Bistums Zeitz nach Naumburg (1028 bis 1032) bewirkt. Sie gelten als die eigentlichen (Neu)Stifter des Bistums Naumburg/Zeitz. Deshalb fanden später vor allem auch diese beiden letzten Ekkehardiner mit ihren Gemahlinnen Uta und Reglindis unter den sogenannten Stifterfiguren des Naumburger Domes in dessen Westchor höchste künstlerische Darstellung. Ekkehard II. bezeichnete Kaiser Heinrich III. als *„den Getreuesten seiner Getreuen“*, und der Kaiser gab ihm nach seinem Tode 1046 zu Naumburg das letzte Geleit. Ekkehard II. starb kinderlos. Nach seinem Tode übertrug der König dessen hinterlassene Reichslehen insbesondere an die Wettiner und die Grafen von Weimar-Orlamünde. Das Erbe der Ekkehardiner traten somit vor allem teils die Wettiner, teils die ebenfalls mächtigen Grafen von Weimar-Orlamünde an. Die Eckartsburg fiel zunächst an das Reich zurück und ging später in den Besitz der Ludowinger über (seit 1121, bis 1247). Infolge ihrer Lage konnten von dort aus der Finneübergang und die Handelsstraße zwischen Erfurt und Naumburg beherrscht werden. Die Grafen von Weimar, die sich schon vorher im Orlagau, bei Orlamünde im mittleren Saaletal festgesetzt hatten, nannten sich seit 1062 zugleich *„de Orlagemunde“*. Die Machtstellung der Grafen von Weimar-Orlamünde erfuhr eine außergewöhnliche Steigerung, als sie nach 1046 als Verwandte der Ekkehardiner und Wettiner mehrere Jahre Markgrafen von Meißen wurden.

Die Beteiligung am Geschehen im Südosten Europas ist aus Ereignissen um das Jahr 1060 zu erkennen. Die Gegensätze innerhalb des ungarischen Königshauses führten dazu, daß König Andreas von Ungarn seinen Bruder Bela vertrieb. Das nach Ungarn entsandte Reichsheer erlitt eine Niederlage, König Andreas fiel 1060 auf dem Schlachtfeld. In ungarische Gefangenschaft geriet auch Markgraf Wilhelm IV. von Meißen aus dem Hause Weimar-Orlamünde, der bei Hofe in hohem Ansehen stand und wahrscheinlich schon in den Ungarnkriegen der 50er Jahre des 11. Jahrhunderts zu Felde gezogen war. An den Kämpfen des Jahres 1060 beteiligten sich Spitignev, der Herzog von Böhmen, wahrscheinlich auch ein Aufgebot des Markgrafen Ernst von Österreich.

Adelheid, die Halbschwester des Markgrafen Wilhelm von Meißen, eine geborene Wettinerin, war die Gemahlin Markgraf Ernsts von Österreich, während Herzog Spitignev von Böhmen (1055 bis 1061) mit einer Wettinerin namens Ida verheiratet war. Adelheid war die Tochter des Wettiners Dedo II., Markgraf der sächsischen Ostmark, und seiner Gemahlin Oda, der Witwe Graf Wilhelms III. von Weimar (gest. 1039). Somit war Dedo II., Sohn des Wettiner Markgrafen Dietrich II., der Schwiegervater des österreichischen Markgrafen Ernst. (Auch die Namensform Dedi erscheint in der Literatur).

Der Wettiner Dedo II. (gest. 1075) war vorübergehend auch Markgraf von Meißen. Die Meißener Markgrafschaft fiel ihm nach 1046 von den Ekkehardinern zu. Seine Mutter Mathilde entstammte dem Geschlecht der Ekkehardiner, sie war die Schwester des letzten Ekkehardiners, der 1046 verstarb. Dedos erste Gemahlin Oda, die Mutter der österreichischen Markgräfin Adelheid, war in erster Ehe mit dem Grafen Wilhelm III. von Weimar verheiratet. Die Söhne aus dieser Ehe wurden Markgrafen von Meißen: Wilhelm IV. (gest. 1062) und sein Bruder Otto (gest. 1067), dessen Witwe Adela bald darauf die zweite Gemahlin Dedos II. wurde. Mit Wilhelm IV. und Otto starb das Geschlecht der Grafen von Weimar-Orlamünde aus.

Die Markgrafschaft Meißen ging 1067 zeitweilig an die Brunonen, die Grafen von Braunschweig, über: an Ekbert I. (gest. 1068) und seinen gleichnamigen Sohn Ekbert II. (gest. 1090). Ekbert I. war der Sohn Liudolfs von Braunschweig, des Halbbruders Kaiser Heinrichs III. von der gemeinsamen Mutter Gisela; demnach war er ein Vetter König Heinrichs IV. 1088/1089 gelangte die Mark Meißen wieder und damit endgültig in die Hand der Wettiner: an Heinrich, den Sohn Dedos II. und seiner zweiten Gemahlin Adela. Die Markgrafen von Meißen, vornehmlich Otto von Weimar-Orlamünde (bis 1067), wurden in den Quellen zugleich marchiones Thuringorum genannt. Stammsitz und Hauptherrschaftsgebiet des Hauses Weimar-Orlamünde lagen westlich der Saale, es vereinigte den Titel eines Markgrafen von Thüringen mit der Herrschaft über die Mark Meißen. Möglicherweise war das Amt des Markgrafen von Meißen von den Wettinern vor allem das eines Befehlshabers in Kriegszeiten. Sowohl die Ekkehardiner als auch die Weimar-Orlamünder hielten sich vorwiegend in ihren thüringischen Herrschaftsgebieten auf, ohne in Meißen festen Fuß zu fassen. Anders entwickelten sich die Herrschaftsverhältnisse bei den Wettinern. Sie verlagerten ihr Herrschaftszentrum im 11. Jahrhundert von Wettin an der Saale nach Meißen an die Elbe. Alle drei Dynastien trugen mehr oder weniger dazu bei, den historischen Zusammenhang und die Wechselbeziehungen zwischen beiden Regionen zu begründen, die einen guten Teil der mittelalterlichen Geschichte Mitteldeutschlands ausmachten.

Hatten die Wettiner im 11. Jahrhundert ihre Herrschaft und Macht im ostthüringisch-obersächsischen Raum erweitern und fest verankern können, so begründeten die Ludowinger seit der Mitte des 11. Jahrhunderts ihre Herrschaft im westlichen Teil des Thüringer Waldes. Ihre Anfänge in Thüringen standen im Zusammenhang mit dem Übergang der Königsmacht an die Salier. Um 1040 siedelte der Edelfreie Ludwig der Bärtige (gest. um 1055) aus der Familie der Grafen von Rieneck in Mainfranken, und zwar aus dem Raum Lohr/Aschaffenburg, nach Thüringen über.

Die Grafen von Rieneck traten in Franken im 11. Jahrhundert mit Arnold I. in Erscheinung. Sie kamen aus Brabant. Arnold hatte die Mainzer Burggrafschaft und Hochstiftsvogtei übertragen bekommen. Am Nordrand des Spessarts lag ihr seit 1108 genannter Herrschaftssitz. Zwischen Fulda, Mainz, Wertheim und Würzburg bildeten die Grafen von Rieneck ihre Herrschaft, deren Hauptstützpunkte Rieneck, Lohr und Grünsfeld waren.
In Thüringen errichtete Ludwig der Bärtige eine zunächst kleine Grundherrschaft um den ersten ludowingischen Herrschaftssitz: in Altenbergen, bevor er nach 1040 die Schauenburg bei Friedrichroda, erbauen ließ. Die Schauenburg, etwa drei Kilometer südwestlich Friedrichrodas auf einem 633 Meter hohen Porphyrfelsen, oberhalb des Quelltals der Hörsel gelegen, war die befestigte *„Residenz“* Ludwigs mit dem Barte; sie war Mittelpunkt der seit dem Erscheinen des Geschlechtes in Thüringen angelegten sechs Rodungsdörfer Friedrichroda, Reinhardsbrunn, Finsterbergen, Engelsbach, Altenbergen und Espenfeld (spätere Wüstung). In der Überlieferung des Klosters Reinhardsbrunn erscheint der Stammvater des Geschlechtes, Ludwig der Bärtige, als energischer, tatkräftiger Rodungs- und Siedlungsorganisator.[6] Möglicherweise zutreffende Angaben zur Frühgeschichte der Ludowinger und der Schauenburg enthalten die Reinhardsbrunner Urkunden, die im übrigen eine teilweise Fälschung aus dem 12. Jahrhundert darstellen. Nach der zweiten Reinhardsbrunner Urkunde soll im Jahre 1044 König Heinrich III. die Genehmigung zum Bau der Schauenburg erteilt haben. Als Stammsitz der Ludowinger hatte die Schauenburg, von der aus auch ein wichtiger Weg über den Kamm des Thüringer Waldes kontrolliert werden konnte, für die Anfänge und Ausdehnung der ludowingischen Herrschaft keine geringe Bedeutung. Cäcilie von Sangerhausen, die Gemahlin Ludwigs des Bärtigen, führte der erst begründeten ludowingischen Herrschaft ansehnliche Besitzungen im Nordosten Thüringens jenseits des Thüringer Beckens zu. Im Anschluß an die älteren Reinhardsbrunner Quellen geht aus der Chronik des Klosters Reinhardsbrunn aus dem 14. Jahrhundert sowie aus der anonymen Schrift *„De ortu principum Thuringie“ („Über den Ursprung der Fürsten von Thüringen“)* aus den Jahren um 1180 hervor, daß Hildegard, die älteste Tochter Ludwigs mit dem Barte, mit dem 1078 in der Schlacht bei Mellrichstadt an der Seite König Heinrichs IV. kämpfenden und gefallenen Poppo von Henneberg verheiratet war.[7]
Im Laufe der Zeit konnten die Ludowinger - so werden die Nachfolger Ludwigs mit dem Barte und Herrscher dieses Geschlechts wegen ihres gleichlautenden Vornamens Ludowicus (Ludwig) genannt - ein ansehnliches Besitz- und Machtpotential in ihre Hand bringen, so daß sie zu Grafen erhoben wurden und ihnen 1130 sogar der Aufstieg zu Landgrafen von Thüringen gelang.

I.2. Königtum, Thüringer Zehntstreit und sächsisch-thüringischer Aufstand

Thüringen war mit in das Zentrum der Reichspolitik gerückt, seitdem König Heinrich IV. (1056 bis 1106) in den 60er und 70er Jahren des 11. Jahrhunderts Anstrengungen unternommen hatte, die materiellen Grundlagen der Reichsgewalt zu reorganisieren und zu stärken und im thüringisch-sächsischen Gebiet ein

Die Dingstätte der Gemeinde Craula im Januar 2000. Auf einem Stein findet man die Aufschrift „1584 FWHF", darunter befindet sich eine Zahl, die nicht mehr lesbar ist.

Die Dingstätte der Gemeinde Behringen (Großenbehringen) im Wartburgkreis - 2007, gehört zu den am besten erhaltenen Dingstätten in Thüringen. Im Hintergrund das Schloß von Behringen mit seinem Erker und den Renaissance-Reliefs von 1547. Fotos: Harald Rockstuhl.

Königsterritorium zu schaffen, das durch Burgen gesichert werden sollte. Aus den politischen Entwicklungen und Beziehungen, die im 10. Jahrhundert entstanden waren, war die Tatsache erwachsen, daß ein großer Teil Thüringens, das Südharzgebiet mit der Goldenen Aue und das weiter südlich gelegene Gebiet bis zur unteren Unstrut insbesondere, auch weiterhin zum Einflußbereich des Herzogtums Sachsen gehörte. Am West- und Südrand des Harzes erstreckten sich nicht nur wichtige Grundbesitzungen des Königtums und des thüringischen Adels, in diesem Gebiet war auch Otto von Northeim, der Anführer des sächsischen Adels, begütert. Somit konnte sich die Opposition gegen das Königtum Heinrichs IV. vor allem im Harz, seinem Umland und weiterhin im Gebiet zwischen mittlerer Elbe, Werra und oberer Weser formieren, zumal der König alles daransetzte, das im Harzgebiet gelegene, aber weitgehend entfremdete Reichsgut zurückzugewinnen. Dieses suchte er durch eine Reihe von Burgen, die er mit Reichsministerialen vornehmlich aus Franken und Schwaben besetzen ließ, zu sichern und möglichst zu erweitern. Daraus ergaben sich schwere, lang andauernde Auseinandersetzungen, die sich zum großen Teil gerade im thüringischen Raum konzentrierten. Diese verbanden sich mit den großen, wechselvollen Kämpfen zwischen Kaisertum und Papsttum, dem sogenannten Investiturstreit, im römisch-deutschen Reich, der das Abendland über Jahrzehnte erschütterte.

1069 und 1070 hatten die Thüringer Schwurbündnisse abgeschlossen, die sie durch Eid verbanden und zum gemeinsamen Handeln verpflichteten. Diese Schwurvereinigungen erfaßten breite Kreise des Adels und der Bevölkerung, die militärische Führung hatten bei der Durchführung vereinbarter Maßnahmen 1069/1070 abwechselnd Graf Rugger von Bilstein und Markgraf Dedo.[8]

Energische Unterstützung fand die Reichs- und Territorialpolitik Heinrichs IV. in Sachsen und Thüringen vor dem Investiturstreit durch Erzbischof Adalbert von Bremen (um 1000 bis 1072). Hervorgegangen aus dem Adelsgeschlecht der sächsischen Pfalzgrafen, die ihren Stammsitz auf Burg Goseck an der Saale hatten, war Adalbert 1043 von Heinrich III. zum Erzbischof erhoben worden; er wurde einer der einflußreichsten Persönlichkeiten am salischen Hofe.

König Heinrich IV. entwickelte und verwirklichte, wie König Heinrich I., wenngleich aus anderen Motiven und mit anderen Zielen und Wirkungen, ein regelrechtes Burgenbau-Programm.

Heinrich IV. zielte darauf ab, im thüringisch-sächsischen Gebiet zwischen Werra und Elbe mit dem Harz als Zentrum ein möglichst geschlossenes Königsterritorium zu schaffen und diese bedeutende territoriale Machtgrundlage ausreichend zu befestigen. In diesem Raum erstreckten sich ausgedehnte Wälder, deren Rodung und Besiedlung durch Bauern und Kolonisten für den Herrschafts- und Landesausbau vorteilhaft sein konnten; hier lagen umfangreiche Reichsgüter sowie große Teile des ehemals liudolfingischen Hausbesitzes, aus dem der König seine Ministerialen mit Dienstgütern ausstattete. Die wichtigsten Stützpunkte der königlichen Territorialpolitik aber, auch zur Sicherung der Reichseinkünfte, waren die befestigten Pfalzen, Burgen und Reichsabteien. Zu den bereits vorhandenen, aber im 11. Jahrhundert weiter ausgebauten festen Sitzen der Königsmacht, gehörten Nordhausen, Mühlhausen, Sangerhausen, Werla, Tilleda und Kyffhausen. Heinrichs IV. Burgenpolitik in und um den Harz richtete sich auf die wehrhafte

Sicherung des Reichsgutes, speziell des Reichsbesitzes um Goslar wegen des wertvollen Silberbergbaus. Neben der mächtigen Harzburg in der Nähe der Kaiserpfalz Goslar, einer Hauptpfalz des salischen Königshauses, und neben den bereits vorhandenen, aber im 11. Jahrhundert weiter ausgebauten festen Sitzen der Königsmacht in Nordthüringen ließ der König am Harz und in Nordthüringen mehrere Reichsburgen neu anlegen oder ausbauen, so die Heimburg und die Steinbergsburg am Nordwestrand und die Burg Sachsenstein am Südwestrand des Harzes, die Moseburg bei Walkenried, die Hasenburg bei Großbodungen und die Spatenburg bei Sondershausen. Auch im Raum Sondershausen hatte das Königtum im 11. Jahrhundert Besitzungen und Rechte zu verteidigen. Das belegen die ältere Burg Sondershausen, vor allem aber die Spatenburg. Diese wurde wohl in der zweiten Hälfte der 60er Jahre des 11. Jahrhunderts auf einem Bergvorsprung der Hainleite oberhalb von Sondershausen errichtet. Die Spatenburg verkörperte den Burgentyp der Hochburg, die auf steilen Bergkegeln oder schroffen Bergvorsprüngen erbaut wurde, den Herrscherwillen über einen ganzen Landstrich zum Ausdruck brachte und schon auf Grund ihrer Lage kaum einzunehmen war. Seit 1070 waren die starken Anlagen der Hasenburg in eine ältere Befestigung hineingebaut worden. Die zweiteilige Anlage war von bis zu drei Metern hohen Mauern und vorgelagerten Wällen geschützt. Die Mehrzahl der dazugehörigen Gebäude bestand aus ebenerdigen Blockhäusern, die zum Teil mit Öfen ausgestattet waren. Ein in den Fels eingearbeitetes Gebäude war der Sitz des Burgverwalters. Silbermünzen (Goslarer Denare) sowie eine französische Münze aus dem 11. Jahrhundert, Produktionsstätten, Kalköfen und eine Eisenverarbeitungsstätte gehören zum archäologischen Befund. Der einzige Zugang zur Hochfläche des großen Plateauberges führte durch einen Hohlweg, der auf der Südseite des Berges zwischen den beiden Abschnittsburgen verlief; er war drei bis fünf Meter tief in den Berg künstlich hineingearbeitet und durch ein großes Kammertor gesichert worden. Die Burgenbauer König Heinrichs IV. bevorzugten die Sporn- und Gipfellage. Vor dem 12. Jahrhundert hatten die Burgen zwar einen befestigten Wohnturm, aber noch nicht Bergfried und Palas. Neben dem Wohnturm standen Wirtschaftsgebäude, zumeist noch aus Holz. Für die salische Burg waren weiter kennzeichnend: Großflächigkeit mit geringer Bebauungsdichte, weitläufige Umfassungsmauer mit Gräben und Wällen. Die Pfalz Tilleda am Kyffhäuser lag in einer Burg und verfügte unter den Saliern über Wohnteil, Kirche und Saalbau. Die bescheidene Bauweise der einzelnen Gebäude sowie die Tatsache, daß dort weder Hoftage, Reichsversammlungen oder hohe Kirchenfeste nachzuweisen sind, beweist die wohl geringe Bedeutung der Königspfalz Tilleda in salischer Zeit.

Die Burgbesatzungen rekrutierten sich aus abhängigen Dienstleuten, Ministerialen, die den Burgenbau leiteten, sowie militärische und administrative Funktionen ausübten. Der Burgenbau brachte für die Bauern außergewöhnliche Belastungen mit sich, er war vor allem mit schweren Frondiensten und Abgaben verbunden, die den Bauern auferlegt wurden. *„Täglich machten sie“* (die Ministerialen, W.M.) *„Ausfälle und raubten alles, was sie in den Dörfern und auf den Feldern fanden, erhoben unerträglich hohe Abgaben und Steuern von Wäldern und Feldern und trieben oft, angeblich als Zehnt, ganze Herden weg. Die Landesbewoh-*

ner selbst, darunter viele Hochgeborene und überaus Wohlhabende, zwangen sie, ihnen wie gemeine Hörige Dienste zu leisten. Ihre Töchter und Frauen vergewaltigten sie mit Wissen und fast vor den Augen der Männer ... Wenn einer von ihnen wagte, über diese schmachvolle Behandlung aufzumucken, ... dann legte man ihn gleich in Ketten, als hätte er ein schweres Unrecht gegen den König begangen."[9]
Nicht nur dieser Bericht des königsfeindlichen Lampert von Hersfeld, sondern auch andere Quellen lassen erkennen, daß die sächsischen und thüringischen Bauern unter den königlichen Ministerialen schwer leiden mußten. Die Fron-, Hand- und Spanndienste für den Burgenbau, die Eingriffe in ihre Allmenderechte, in Wald- und Weidenutzung, Jagd und Fischfang und andere den Bauern auferlegte Lasten hatten Belastungen und Bedrückungen zur Folge, denen sich die Bauern in Sachsen und Thüringen widersetzten. Der zeitgenössische Chronist Bruno berichtet in seinem Buch über den Sachsenkrieg, wie die in den Burgen stationierten Ministerialen das Umland und seine Bewohner mit Gewalt unterwarfen, knechteten und ausbeuteten. Auf einer Ministerialenburg durchschnittlicher Größe mögen allenfalls ein Dutzend wehrfähiger Männer gesessen haben. Die königliche Burgenpolitik bedeutete insgesamt eine überaus starke Herrschafts- und Machtkonzentration.
Deshalb stießen der Burgenbau und die Tätigkeit der fremden Ministerialen, wie die Territorialpolitik der Reichsgewalt, auch auf den Widerstand des einheimischen sächsischen und thüringischen Adels. Dieser sah seine eigene Stellung und seine eigenen Ziele durch das Vorgehen des Königs gefährdet, zumal Heinrich IV. daranging, Adels-, Allodial- und Lehensbesitz, der als Streubesitz zwischen

Die Brandenburg an der Werra zeigt sich als Ruine zweier Burgen, die nur durch Felsen und 2 Gräben getrennt werden. 1173 werden die verteidigungsmäßig zusammengehörenden Burgen erstmals erwähnt. Foto Mai 1995: Harald Rockstuhl, Bad Langensalza.

den Königsgütern lag und die Schaffung eines geschlossenen Königsterritoriums behinderte, dem Reichsgut einzugliedern. Hinsichtlich der fränkischen und schwäbischen Ministerialen forderte der Adel den König auf, er solle das Gesindel verjagen und die Verwaltung der Reichsgeschäfte den Fürsten überlassen, denen sie zustehe. Heinrich habe die sächsischen Fürsten jeglichen Einflusses am Hofe berauben wollen. An ihrer Stelle hätte er Schwaben um sich geschart, aus denen er seine Verwalter und seine geheimen Räte erwähle. Diesen Stamm habe er besonders geliebt und viele von ihnen - Leute niederer Herkunft und fast ohne Ahnen, gemeint waren seine Ministerialen - habe er in höchste Ämter und zu Einfluß am Hofe gebracht; nach deren Gutdünken würden alle Reichsgeschäfte geführt, weshalb sich der König bei den Fürsten verhaßt gemacht habe.
Es ergaben sich schwere Konflikte und lang andauernde Auseinandersetzungen, die sich zum großen Teil gerade im thüringischen Raum konzentrierten und um die Burgenpolitik drehten.
Der sächsisch-thüringische Adel wollte den Ausbau eines unmittelbar der Reichsgewalt unterstehenden Territoriums in seinem Herrschafts- und Einflußbereich verhindern, und er konnte sich dabei den Widerstands- und Kampfwillen der Bauern zeitweilig nutzbar machen. Die Bauern wiederum und Teile des Adels standen seit den 50er Jahren des 11. Jahrhunderts auch im Thüringer Zehntstreit, in den auch der König eingriff. Der Thüringer Zehntstreit entwickelte sich zu einem Aufstand gegen den Mainzer Erzbischof, als der gewohnheitsrechtlich entrichtete Kirchenzehnt auf den vollen, neu festgesetzten Zehnt erhöht werden sollte; die Thüringer beriefen sich auf das alte Recht bzw. die Gerechtsame ihrer Vorfahren, dafür wollten sie kämpfen und notfalls auch sterben. Zehntkämpfe entwickelten sich im Mittelalter als Auseinandersetzungen unter konkurrierenden kirchlichen und weltlichen Institutionen um einen möglichst hohen Anteil am Kirchenzehnten. Im Thüringer Zehntstreit ging es um die Frage, ob die Einkünfte aus den Zehnten in Thüringen allein dem Mainzer Erzstift als dem Zehntherrn zustehen würden oder den Klöstern Fulda und Hersfeld bzw. welchen Anteil diese beiden Klöster daran hätten. Im thüringischen Zehntstreit verfolgte Erzbischof Siegfried I. von Mainz (1060 bis 1084) das Ziel, die Zehnten den Pfarreien, Stiften und dem Bischof vorzubehalten; Klöster aber hätten aus Gründen der Askese und Abwendung von der Welt auf dergleichen zu verzichten - eine Forderung, wie sie später die Zisterzienser erhoben. Darüber hinaus aber war der Thüringer Zehntstreit ein Teil des Kampfes, den das Mainzer Erzstift - mit Unterstützung des Königtums - um die Durchsetzung der kirchlichen Oberhoheit in Thüringen führte. Offenbar stießen die Mainzer Forderungen, obwohl die Vorgänge nicht ganz klar zu durchschauen sind, auf den Widerstand adliger Eigenkirchenherren sowie vor allem der Klöster Fulda und Hersfeld. Letztere hatten als Reichsabteien seit dem 8. Jahrhundert beträchtliche Teile Thüringens für das Christentum gewonnen, sie gehörten bis zum hohen Mittelalter zu den größten Grundherren und bedeutendsten politischen Kräften in Hessen wie in Thüringen, und sie hatten daher in diesem Raum zahlreiche kirchliche Besitzrechte. In den letzten Lebensjahren Kaiser Heinrichs III. hatte Erzbischof Liutpold von Mainz zwischen 1051 und 1056 die Zehntrechte für die königlichen Güter in Thüringen bestätigt bekommen; dies

wurde von der Reichsregierung unter der Kaiserwitwe Agnes 1059 erneut bekräftigt. Das Erzstift Mainz suchte nach dem Tode Heinrichs III. (1056) in den Jahren der Unmündigkeit (bis 1065) Heinrichs IV. die Schwäche der Reichsgewalt auszunutzen, um seine eigene Macht zu vergrößern. Dabei richtete es seine diesbezüglichen Bestrebungen auch auf Thüringen, wo Mainz von seinem wichtigsten Stützpunkt in dieser Region Erfurt aus anstrebte, unter anderem den Einfluß der ebenfalls in Thüringen reich begüterten Klöster Hersfeld und Fulda zurückzudrängen.

Auf dem Hoftag in der Reichsstadt Mühlhausen im April/Mai 1069 versuchte Heinrich IV., den Zehntstreit zwischen dem Erzstift Mainz und der Reichsabtei Fulda beizulegen.[10] Im Jahre 1069 bestätigte König Heinrich IV. auf der Creuzburg an der Werra dem Erzbischof Siegfried I. von Mainz das Zehntrecht. Daß es zu einem rigorosen Vorgehen gekommen sein muß, wird aus einem Brief des Papstes Alexanders II. an den Mainzer Erzbischof vom Jahre 1069 ersichtlich, in dem der Papst die Übergriffe gegenüber dem Kloster Fulda mißbilligte. Auf militärische Auseinandersetzungen weisen die in den 60er Jahren des 11. Jahrhunderts vorgenommenen Verstärkungsbauten an der Wachsenburg bei Arnstadt hin, die damals die wichtigste Schutzburg des Hersfelder Besitzes in der Region war. Nachdem der Mainzer Erzbischof von der Reichsregierung die Durchsetzung seiner Zehntforderungen verlangt und zugesagt erhalten hatte, stießen die immer rigoroser vorgehenden Zehnteintreiber des Erzbischofs auf zunehmenden Widerstand. Wie stark dieser Widerstand war, zeigt ein Brief des Erzbischofs von 1069 an den Papst, in dem er um weiteren Beistand gegen die *„... rebellischen und widerspenstigen Thüringer“* nachsuchte.[11] Der Mönch und Geschichtsschreiber Lampert von Hersfeld berichtet in seinen Annalen für das Jahr 1069 von *„Zusammenrottungen“* der Bauern und von Überfällen auf die milites, die Dienstmannen des Erzbischofs.[12]

Im Jahre 1069 trat der Thüringer Zehntstreit offenbar in seine entscheidende Phase ein, und er verknüpfte sich einige Jahre später mit dem sächsisch-thüringischen Aufstand von 1073 bis 1075.

1069 hatten Erzbischof Siegfried I. von Mainz und König Heinrich IV. auf der Creuzburg auch über das gemeinsame Vorgehen gegen Thüringer und Sachsen und über die Realisierung der Mainzer Zehntforderungen verhandelt. Zunächst konnte der König die Auseinandersetzungen zwischen Mainz und Hersfeld schlichten. In weiteren Verhandlungen noch im gleichen Jahr in Worms bestätigte der König dem Erzbischof, daß *„Siegfried ... jenes Zehntrecht über Thüringen, für welches seine Vorgänger ... so sehr gestritten, vollständig erlangt und für die Kirche und ihre Diener zu verwenden ... (berechtigt ist)“*.[13] Als Erzbischof Siegfried einige Mainzer Lehen an den Grafen Otto von Weimar-Orlamünde übertrug, tat er dies nur unter der Bedingung, daß dieser die Mainzer Zehntforderungen anerkennen und die Thüringer insgesamt in dieser Hinsicht beeinflussen werde.

Der Konflikt zwischen König Heinrich IV. und dem sächsischen Herzog Otto von Northeim führte 1070/1071 zu militärischen Auseinandersetzungen. Güter, Besitzungen und Siedlungen wurden gegenseitig geplündert, niedergebrannt und verwüstet, *„die Amtsleute und Bauern, wo sie ihrer habhaft wurden, niedergemetzelt, mißhandelt und ermordet.“*[14]

Der König konnte sich behaupten. Otto von Northeim fand wegen bestehender Zwistigkeiten im Adel keine ausreichende Unterstützung; er mußte in Sachsen und Thüringen Teile seiner Reichslehen an König Heinrich abtreten und auf die Herzogswürde in Bayern verzichten.
Im Sommer des Jahres 1073 brach der Aufruhr des sächsisch-thüringischen Adels im Bündnis mit den Bauern offen aus.
Anlaß war die Erfurter Synode, auf der der König die Mainzer Forderungen akzeptierte und anordnete, daß Hersfeld und Fulda an Mainz den halben, die Laien aber den ganzen Zehnt abzuliefern hätten - lediglich die Kölner Gebiete um Saalfeld zehnteten an den dortigen Erzstuhl. Auf der Synode zu Erfurt am 10. März 1073 und an den folgenden Tagen standen sich im Streit um die thüringischen Zehnten, nach dem Bericht Lamperts von Hersfeld, der von König Heinrich unterstützte Erzbischof Siegfried von Mainz und die Äbte von Fulda und Hersfeld als Gegner gegenüber. Letztere baten darum, die ihren Klöstern von alters her zustehenden Abgaben und Rechte diesen auch fernerhin zu belassen; es existierten darüber alte und neuere Bestätigungen des apostolischen Stuhls, und mit einer Ausnahme hätten die Mainzer Kirchenhirten sie auch bisher akzeptiert. Darauf reagierte der Erzbischof sehr heftig; die Äbte hätten sich zu fügen oder aber aus der kirchlichen Gemeinschaft auszuscheiden. Die Äbte flehten den Erzbischof an: er möge, wenn er schon die Privilegien und die Autorität des Papstes nicht achte, doch wenigstens die Zehnten in einem angemessenen Verhältnis mit ihnen teilen, woraufhin ihnen Siegfried entgegnete, er denke gar nicht daran, in dieser Angelegenheit, die ihm bereits zehn Jahre lang viel Mühe gekostet habe, nun auf sein Recht zu verzichten. Schließlich griff der König, der an der Synode teilnahm, in die tagelangen kontroversen Beratungen ein. Er brachte erst mit dem Hersfelder Abt, dann mit dem länger widerstrebenden Fuldaer Abt sowie dem Erzbischof Kompromisse zustande, die doch eine weitgehende Teilung der Zehnten vorsahen.
Im sächsisch-thüringischen Aufstand opponierte der Adel gegen die Vorherrschaft des Königtums und der Reichsministerialität in seinem Herrschafts- und Einflußgebiet; die Bauern erhoben sich gegen die durch die Burgenpolitik der Reichsgewalt erwachsenen zusätzlichen Abgaben, Hand- und Spanndienste, Leistungen und Bedrückungen, und sie kämpften für ihre Allmenderechte. Dieser sächsisch-thüringische Aufstand von 1073 bis 1075 zeigt die engen Bindungen, die seit dem frühen Mittelalter und traditionell auch noch im 11. Jahrhundert und weiterhin zwischen dem Herzogtum Sachsen, Hessen, Franken und Thüringen bestanden, das Zusammenwirken von Adel und Bauern sowie Zusammenhänge mit dem Thüringer Zehntstreit.
Über die Vorgänge in Sachsen und Thüringen in den Jahren 1073 bis 1075 berichtet das Carmen de bello Saxonico, ein in 757 Hexametern verfaßtes Epos. Es wurde in den Monaten nach dem Sieg des königlichen Heeres bei Homburg an der Unstrut am 9. Juli 1075 niedergeschrieben - in königsfreundlichem Sinne, aber auch ohne Gehässigkeit gegenüber den Aufständischen. Der Dichter ist unbekannt, aber Beziehungen zur Hofkanzlei oder -kapelle sind anzunehmen.[15]
Im September 1073 beschwerte sich Erzbischof Siegfried von Mainz in einem Brief an den Papst erneut über die Thüringer, weil sie den Zehnten verweiger-

ten.[16] Die Thüringer waren äußerst erbittert darüber, daß der König die Forderungen des Mainzer Erzbistums unterstützte. So kam es im Jahre 1073 zu einem sächsisch-thüringischen Schwurverband. Im Sommer 1073 hatte sich ein großer Teil des sächsischen Adels gegen König Heinrich IV. verschworen. Danach schickten die Sachsen eine Gesandtschaft nach Thüringen, um die Thüringer zur Unterstützung zu veranlassen. Auf der Tretenburg bei Gebesee, auf einem Berghügel an der Unstrut, nordwestlich, unweit von Erfurt, versammelten sich und verhandelten die kampfbereiten Thüringer, und sie verpflichteten sich durch Eid und Schwur, mit den Sachsen ein Bündnis einzugehen und diesen Beistand zu leisten; die Äbte von Hersfeld und Fulda sowie weitere Adlige, die in Thüringen Besitzungen hatten, sollten - unter Androhung des Verlustes ihrer Güter - veranlaßt werden, dieser Schwurvereinigung beizutreten. Diese Zusammenkunft thüringischer Grafen und Adliger sowie bewaffneter Leute brachte den Willen der Thüringer insgesamt zum Ausdruck. Die Tretenburg, jene uralte Gerichtsstätte, Flucht- und Schutzburg der Thüringer, trat in den Kämpfen der Zeit wiederholt als Versammlungsstätte der Thüringer eindrucksvoll in Erscheinung. Erneut demonstrierten die Thüringer auf dieser traditionsreichen Volksburg ihr Stammesbewußtsein. Eine Versammlung auf der Tretenburg beschloß den Angriff auf die königlichen Burgen. Im Zorn auf diese verhaßten Zwingburgen wurden die Hasenburg, die Spatenburg und andere Burgen bestürmt. Die Burg Volkenroda nordöstlich von Mühlhausen, die wohl schon als fränkische Pfalz am Platz einer alten Wallburg genutzt wurde und seit 909 urkundliche Erwähnung findet, wurde im Aufstand gegen Heinrich IV. vergeblich belagert, mußte jedoch nach dem Friedensschluß geschleift werden. Anstelle der Burg wurde das Kloster Volkenroda errichtet, eines der ersten thüringischen Zisterzienserklöster. Auf die Zerstörung der Burganlage (1074) folgte der Aufbau des Zisterzienserklosters (ab 1130/1131). Zum Zeitpunkt ihrer Zerstörung hatte diese alte Königsburg in ihrem Nordteil bis zum Steintor eine Ausdehnung von ca. 320 m, vom Steintor in Richtung Weidengarten ca. 280 m; der südliche Burgteil hatte eine Fläche von 250 x 75 m und war durch Wallgräben geschützt. Es war eine trapezartig angelegte Burg. Der Burgbereich insgesamt umfaßte etwa acht Hektar und war mit mehreren Gebäuden besetzt.

"Den Quellen nach handelte es sich um einen Volksaufstand. Auch wenn das Volk von sich aus den Kampf nicht begonnen hätte, steht es doch als gleichberechtigter Partner im Kampf."[17] Reste des alten Heidentums und die Behauptung des bäuerlichen Eigenlebens, der herkömmliche Heerbann mit dem allgemeinen Aufgebot der Bauern, ein starkes Wehrbauerntum in der Tradition und Nachkommenschaft der königsfreien agrarii milites Heinrichs I. flossen in den Widerstand gegen die Burgen- und Territorialpolitik Heinrichs IV. in Sachsen und Thüringen sowie gegen die Erhöhung des Kirchenzehnten in Thüringen ein.

Die Stadt Worms und andere rheinische Städte unterstützten den König finanziell, als dieser - nach seiner Flucht von der Harzburg - ein neues Heer aufstellte, das er noch im Winter 1073/1074 in den hessisch-thüringischen Grenzraum zurückführte. Allerdings war der König nicht stark genug, um bereits eine militärische Auseinandersetzung wagen zu können. Deshalb nahm er Verhandlungen auf, die im

Diese steinerne Werrabrücke bei Creuzburg wurde 1223 mit sieben Bögen aus Naturstein durch den Thüringer Landgrafen Ludwig IV. errichtet. Heute gilt sie als älteste Natursteinbrücke im mittleren und östlichen Deutschland. Die dahinterliegende Brückenkapelle St. Liborius wurde 1499 vollendet. Foto von Harald Rockstuhl, Bad Langensalza, Mai 2007 .

Die Creuzburg wurde 1170 von Landgraf Ludwig II. an Stelle einer vermuteten fränkischen Befestigung erbaut. Foto: Harald Rockstuhl, Bad Langensalza, Mai 2007 .

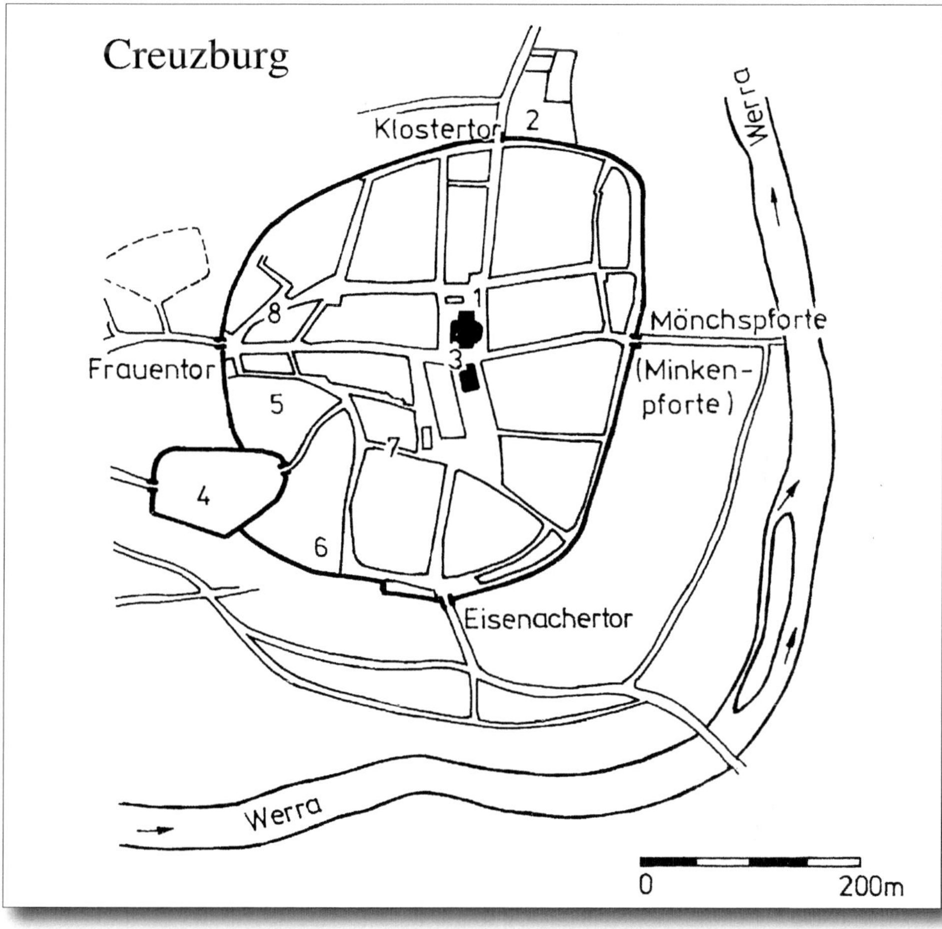

Creuzburg im hohen Mittelalter. 1. St. Bonifatius, 2. Kloster, 3. Markt mit alten Rathaus, 4. Burg, 5. Harstalhof, 6. Steinhof, 7. Burgberg, 8. Am Rähmen.
Zeichnung nach Rainer Lämmerhirt, Mihla.

Februar 1074 zum Frieden von Gerstungen an der Werra führten. Er stellte Otto von Northeim in Aussicht, ihn als Herzog in Bayern wieder einzusetzen, und er - der König - erklärte sich bereit, die Forderungen der Aufständischen zu erfüllen, nämlich:„*er solle seine Burgen zerstören und nie wieder herstellen, er solle in Zukunft keine Räubereien mehr in ihrem Land verüben, in Sachsen alle Anordnungen nur nach dem Rat der Sachsen treffen, keine Menschen von fremdem Stamme in seinen Rat aufnehmen, endlich sich wegen dieser seiner Vertreibung niemals an einem von ihnen rächen*“.[18]

Die Zehntforderungen des Mainzer Erzbischofs wurden seitens des Königs wiederum anerkannt. Die Ergebnisse des Gerstunger Friedens sowie dessen Aus- und Nachwirkungen lassen erkennen, daß eine dauerhafte Lösung des Konflikts nicht erreicht worden war. Der Abbruch der Zwingburgen wurde verzögert; der König ließ - entgegen seiner in Gerstungen gegebenen Zusage - seine Burgen nicht durchweg schleifen. Die Zehntfrage blieb umstritten.
Zur gleichen Zeit erfolgte der *„revolutionäre Aufbruch des Stadtbürgertums“*[19], als die offenen Aufstände der Stadtgemeinden gegen die Herrschaft der Feudalität in den deutschen Städten, in Worms 1073 und in Köln 1074, begannen. Nachdem Heinrich IV. von der Harzburg, wohin er sich zurückgezogen hatte, nur mit Mühe und Not vor den angreifenden Bauern hatte entfliehen können, fand der König in Worms und anderen rheinischen Städten Aufnahme und Unterstützung; er stellte sich seinerseits entschieden auf die Seite der revolutionären kommunalen Bewegung in diesen Städten und förderte deren Ziele: persönliche Freiheit der Bürger und Befreiung von feudaler Stadtherrschaft, Stadtrecht und Errichtung einer städtebürgerlichen Ratsherrschaft.
Die Bauern - enttäuscht und erzürnt über die Haltung des Königs nach dem Gerstunger Frieden - stürmten *„ohne Wissen und Willen“*[20] des Adels die königliche Hauptburg, die Harzburg, *„das Joch Sachsens“*, sie zerstörten diese mächtige Anlage bis auf den Grund und ließen *„von so gewaltigen Mauern auch die Fundamente nicht in der Erde“*.[21] Die Erstürmung und Zerstörung der Harzburg bei Goslar Ende März/Anfang April 1074 war eine selbständige Aktion des bäuerlichen Aufstandes, ein weithin sichtbar wirkendes Fanal des Widerstandes.
Im September 1073 hatte sich, wie gesagt, der Erzbischof Siegfried von Mainz nochmals in einem Brief an die römische Kurie über die Thüringer beklagt, die den Zehnten verweigerten. Auf der Erfurter Synode vom Oktober 1074 wiederholte er seine Zehntforderungen. Heinrich IV. unterstützte den Erzbischof in der Zehntfrage. Der Erzbischof verlangte nachdrücklich die Ablieferung des Zehnten; die Thüringer indessen verweigerten dessen Abgabe, indem sie sich auf die im gleichen Jahre 1074 vorausgegangenen Friedensverhandlungen des Königs mit den aufständischen Sachsen und Thüringern in Gerstungen beriefen: dort seien ihnen ihre alten Freiheiten garantiert worden. Das Auftreten des Erzbischofs in der Zehntfrage führte zu Tumulten, die sein Leben gefährdeten.[22] Der Zehntstreit ging weiter, eingebunden in den sächsisch-thüringischen Aufstand.
“Alle Bauern zerbrachen ihr Ackergerät und machten Waffen daraus, an schwere Hacken schmiedeten sie zweischneidige Schwerter aus gebogenen Sicheln, und auf Stangen setzten sie Spitzen. Ein Teil hängte leichte Schilde an die Linke, die einen machten aus Eisen eine Art Reiterhelm, die anderen aus dreifachem Filz; eichene Knüppel für den Kampf bereiteten sie zu Tausenden und beschwerten sie mit Blei und Eisen. Auf tausendfache Art bewaffneten sich die Bauernhaufen zum Kriege.“[23]
Im Frühjahr 1075 sammelte sich das sächsisch-thüringische Heer, vorwiegend ein auf die beschriebene Weise ausgerüstetes Bauernheer, in einem Lager bei Langensalza. An der Spitze des Heeres standen Vertreter des königsfeindlichen Hochadels, wie Otto von Northeim, Herzog Magnus von Sachsen, Erzbischof Werner von Magdeburg und Bischof Burchard von Halberstadt.

"Nicht wie früher war das Bauernvolk, durch schlaue Brandreden der Fürsten aufgeputscht, zu den Waffen geeilt, sondern alle Landbewohner zugleich hatten sich nicht unter Führung und Leitung der Fürsten, sondern aus eigenem Antrieb, mit eigenen Mitteln den Krieg zu führen entschlossen. Für sich selbst wollten sie kämpfen, für sich selbst, wenn Gott es zuließ, siegen, keinen anderen Lohn für ihre Kriegsdienste von irgend jemandem erwartend als die Rettung ihrer Weiber und Kinder und die Abschüttelung des Jochs der drückendsten Knechtschaft von ihrem Nacken. Den Fürsten aber drohten sie, wenn sie etwa versuchten, ihnen in den Weg zu treten oder auch nur aufzubegehren, alle ihre Habe zu verstreuen oder zu verbrennen und sie aus der angestammten Heimat zu verjagen - kurz, sie hatten sich zu dem Unternehmen entschlossen in der festen Absicht, unbedingt zu siegen oder zu fallen".[24]

Das herannahende Heer König Heinrichs IV. hatte sich inzwischen Ende Mai/Anfang Juni 1075 bei Burg Breitungen im Werratal - einem alten, aus der fränkischen Zeit herrührenden Krongut mit Burg, Kloster und Königshof - gesammelt. Von dort zog es über Oberellen und Eisenach nach Behringen und Gotha. Am 9. Juni 1075 kam es an der Unstrut in der Nähe von Langensalza zur Schlacht bei Homburg. Die Feste Homburg, die seit der Karolingerzeit mit einem Königshof verbunden war, wurde bald danach in ein Benediktinerkloster umgewandelt. In dieser Schlacht bei Homburg blieb der König - unter Mithilfe seines Schwagers Herzog Rudolf von Rheinfelden gegen Otto von Northeim - siegreich. Graf Gebhard von Supplinburg, der Vater des späteren Königs Lothar, fand den Tod. Zuerst ergriffen die berittenen sächsischen und thüringischen Adligen die Flucht. Sie entkamen *„lebend und unverletzt, da ihnen die Ortskenntnis und die Schnelligkeit ihrer Rosse trefflich zustatten kam"*.[25] Das Volksaufgebot erlitt durch die überlegen ausgerüsteten Reiter und kampferfahrenen Krieger des Königs und des Adels schwere Verluste; viele Bauern wurden niedergehauen oder in die Unstrut getrieben, wo sie ertranken. Die Sieger zogen durchs Land bis nach Halberstadt und an die Grenzen der Magdeburger Diözese, um weiteren Widerstand zu ersticken. Es machte sich jedoch ein neuer Feldzug des Königs im Herbst des Jahres 1075 erforderlich, um die Opposition gänzlich niederzuwerfen, da der sächsisch-thüringische Adel auch nach der Schlacht bei Homburg noch nicht kapitulierte. Es gelang König Heinrich IV., am 25. Oktober 1075 den Widerstand der Adelsfronde und Rebellen zu brechen. Der opponierende Adel Sachsens und Thüringens ergab sich dem König schließlich in der Ebene von Spier bei Sondershausen an der Hainleite. Zu den thüringischen Grafen, die im Herbst 1075 in die Gefangenschaft Heinrichs IV. gerieten, gehörten Rugger von Bilstein, Sizzo von Käfernburg, Graf Berengar von Sangerhausen aus dem Geschlecht der Ludowinger,[26] wohl ein Sohn Ludwigs des Bärtigen.

Entschieden wurde die Schlacht bei Homburg von der Reiterei. Seit dem 10. Jahrhundert hatte das Reiterheer zunehmende Bedeutung gewonnen. Der Reiterkrieger der salischen Zeit stand zwar am Anfang des hochmittelalterlichen Rittertums, war jedoch in seinem Erscheinungsbild noch unentwickelter als der schwergepanzerte Reiter und Ritter der Stauferzeit. Der salische Reiter ritt in einem hölzernen Sattel mit hoher Vorder- und Rückenlehne, Steigbügel und Sporen. Die Pferde waren beschlagen. Zum Gebrauch der Waffen waren die Arme frei, den Kopf schützte ein konischer Eisenhelm mit einem Naseneisen als einzigem Gesichtsschutz, dem Körperschutz diente ein kurzärmeliges, knielanges Kettenhemd. Ein großer, mandelförmiger, mitunter auch runder Schild sorgte für die bewegliche Deckung, außerdem gehörten ein zweischneidiges Hiebschwert und eine Lanze zur Ausrüstung. Neben den berittenen Kriegern bestand das Heer aus einer größeren Anzahl zu Fuß kämpfender Krieger. Diese trugen teils ebenfalls Kettenhemd, Helm, Schild, Schwert und Lanze, teils waren sie mit Armbrust, Pfeil, Bogen und Axt bewaffnet.

Zum Heer König Heinrichs IV., das den Sieg bei Homburg an der Unstrut im Juni 1075 errang, gehörten auch Erzbischof Siegfried I. von Mainz und Bischof Adalbero von Würzburg. Beide Kirchenfürsten waren auch unter den fünf Fürsten, von Erzbischof Werner von Magdeburg als besondere Vertraute des Königs um Fürsprache, Vermittlung und Schiedsspruch darum ausdrücklich gebeten, die Ende Oktober 1075 als Abgeordnete Heinrichs IV. durch Verhandlungen die Unterwerfung der Adelsopposition herbeiführten. Das schloß allerdings nicht aus, daß Siegfried für gregorianische Ideen offen war, und Adalbero wurde nach der römischen Fastensynode des Jahres 1076, wo Heinrich IV. als abgesetzt erklärt und exkommuniziert worden war, geradezu eine Säule (columna - nach Chronist Berthold, Abt des Klosters Zwiefalten) der Gregorianer im Reich. Dagegen blieb Bischof Eberhard (Eppo) von Naumburg (gest. 1078) König Heinrich IV. in unverbrüchlicher Treue ergeben, war auch an dessen Seite beim winterlichen Alpenübergang während des schweren Ganges nach Canossa 1077.

I.3. Thüringen während des Investiturstreites und dessen Folgen

Der Thüringer Zehntstreit und der sächsisch-thüringische Aufstand gerieten mehr und mehr in die Machtkämpfe zwischen Königtum und Fürsten. Die salischen Könige Heinrich IV. und Heinrich V. unternahmen in Sachsen und Thüringen den Versuch, durch Landes- und Herrschaftsausbau mit Rodung und Siedlung, Schutz des Landfriedens, Burgenbau und Einsatz von Ministerialen ein von der Reichsgewalt unmittelbar beherrschtes Königsterritorium zu schaffen, bzw. für das Königtum in Thüringen bedeutende, stabile Machtpositionen zu gewinnen. Aber auch weltliche wie geistliche Herrschaften wollten im ausgehenden 11. und 12. Jahrhundert ihrerseits Besitzungen und Privilegien, Macht und Einfluß ausbauen und festigen.

Immer enger verbanden sich seit den 70er Jahren des 11. Jahrhunderts die Ereignisse in Thüringen mit dem großen Machtkampf zwischen Kaisertum und Papsttum, dem sogenannten Investiturstreit, seinem Verlauf und seinen Ergebnissen. Die Symbiose von Staat und Kirche unter königlich-kaiserlicher Führung, wie sie das Ottonische Reichskirchensystem geschaffen hatte, löste die Forderung nach libertas ecclesiae (Freiheit der Kirche) seitens führender Kirchenvertreter aus, die unter Papst Gregor VII. zum Reformprogramm wurde.

Links oben: Heinrich IV. mit dem Gegenpapst Wibert; rechts oben: Gregor VII. wird aus Rom vertrieben; links unten: Wirken Gregors außerhalb Roms und dann rechts sein Tod. Bild aus der Jenaer Handschrift der Weltchronik Ottos von Freising. Thüringer Universitäts- und Landesbibliothek Jena.

Der Gedanke der königlich-staatlichen Landfriedenswahrung in Form von beschworenen Einungen wurde für Thüringen und Sachsen seit dem Hoftag zu Goslar 1069 unter Heinrich IV. zielstrebig verfolgt. Der Zehntstreit konnte auch in den 70er Jahren des 11. Jahrhunderts nicht beigelegt werden. Die Mainzer Erzbischöfe stellten ihre Zehntforderungen unnachgiebig. Dies wurde 1075 erneut auf einer weiteren Synode in Erfurt offenkundig. Darüber hinaus unternahm dort der Mainzer Erzbischof einen ersten Versuch, eine der Hauptforderungen der Reformbewegung von Cluny und des Reformpapsttums, das Zölibat, die Ehelosigkeit der Priester, gegen den Widerstand eines beträchtlichen Teils des thüringischen Klerus durchzusetzen, was auch im Laufe der nächsten Jahre gefordert wurde.

I.3.1. Papstkirche und Reformer, Königsstaat und Fürsten vom Gang nach Canossa (1077) bis zum Wormser Konkordat (1122)

Der Investiturstreit erreichte mit dem Gang nach Canossa 1077 seinen Höhepunkt.
Jener Investiturstreit, der Mitte der 70er Jahre in voller Schärfe entbrannt war, um die Einsetzung (Investitur) der Bischöfe und Reichsäbte, nahm auf Grund des Reichskirchensystems den Charakter eines Machtkampfes an. Seit der zweiten Hälfte des 11. Jahrhunderts gelang dem Papsttum die Emanzipation von kaiserlicher Bevormundung und die Erringung einer führenden Position in Europa. Das Papsttum erstrebte eine hierarchisch gegliederte, der Kurie in Rom unterworfene Kirche und Gesellschaft ebenso die Unterordnung des Staates. Zu diesem Zweck forderte und propagierte das Papsttum im Geiste der cluniazensisch-hirsauischen Reformer die Freiheit der Kirche, das heißt die Befreiung der kirchlichen Hierarchie und geistlichen Institutionen von jedem Eingriff des Kaisers oder anderer weltlicher Herrschaft. Die Kloster- und Kirchenreformer und das Reformpapsttum, in erster Linie sein bedeutendster Repräsentant, Papst Gregor VII., verwarfen die Einsetzung von Bischöfen und Äbten durch weltliche Herrscher und vor allem durch den deutschen König und Kaiser. Da der deutsche König mit Hilfe des Reichskirchensystems seit Otto I. auch über italie-

---

Kämpfe in Thüringen von 1070 - 1090. Entwurf: R. Lämmerhirt und Zeichnung: R. Höricht. Karte aus der Sammlung von Werner Mägdefrau.

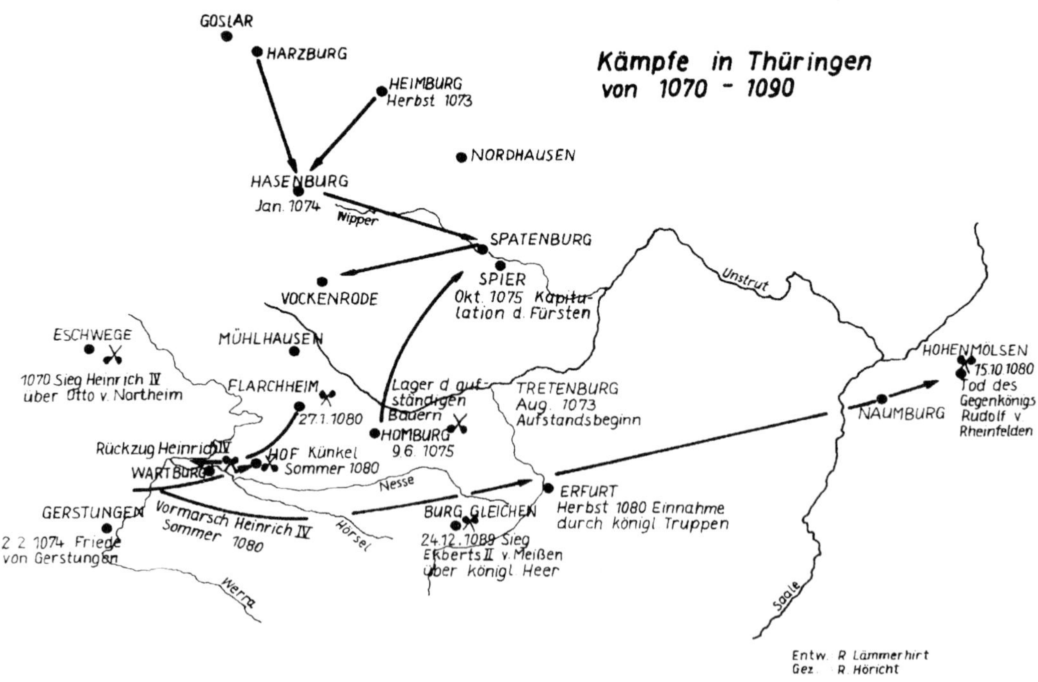

nische Bistümer und Abteien gebot und außerdem Anwärter auf die Kaiserkrone war, verschärften sich zwangsläufig die Gegensätze zwischen den deutschen Kaisern und den Reformpäpsten. Sie führten im Konflikt zwischen König Heinrich IV. und Papst Gregor VII. zur Eskalation, und sie erzeugten ständig steigende Aggressionshandlungen und tiefgreifende Wirkungen in Staat, Kirche und Gesellschaft. Die deutsche Adels- und Fürstenopposition nutzte den schweren Kampf König Heinrichs IV. mit Papst Gregor VII. zu ihrem Vorteil.
In Sachsen und Thüringen kam es zu erneuten Erhebungen des Adels gegen Heinrich IV. Der Mainzer Erzbischof schloß sich ebenfalls dem Oppositionsführer Rudolf von Rheinfelden an, und er ermöglichte diesem 1077, in Erfurt das Pfingstfest zu feiern und die Stadt zu einem seiner Stützpunkte zu machen. Obwohl der König das Ultimatum des Fürstentages von Tribur im Vorjahre - 1076 - erfüllt hatte und in Canossa 1077 vom Bann freigesprochen worden war, stellten die deutschen Fürsten mit Rudolf von Rheinfelden, dem Herzog von Schwaben, am 15. März 1078 in Forchheim einen Gegenkönig auf. Daran waren auch sächsisch-thüringische Fürsten beteiligt.
Rudolf von Rheinfelden konnte sich aber nur in Thüringen und Sachsen, dem Zentrum der antisalischen Adelsopposition, behaupten, und zwar vor allem mit Hilfe des sächsischen Herzogs Otto von Northeim und seiner sächsisch-thüringischen Anhänger und Hilfskräfte. Zu größeren militärischen Auseinandersetzungen kam es im August 1078 bei Mellrichstadt im Südwesten Thüringens. Bei Mellrichstadt am Rande des Grabfeldes trafen die Heere Heinrichs IV. und Rudolfs von Schwaben am 7. August 1078 aufeinander. Der König hatte die Vereinigung der militärischen Kräfte seiner oberdeutschen und sächsisch-thüringischen Gegner vereiteln können; es gelang ihm aber in der Schlacht bei Mellrichstadt nicht, Rudolf von Schwaben zu besiegen; an seiner Seite fand Graf Poppo der Starke aus dem Geschlecht der in diesem fränkisch-thüringischen Grenzraum ansässigen Henneberger als Anhänger König Heinrichs IV. auf dem Schlachtfeld den Tod. Diese Schlacht an der Streu bei Mellrichstadt wurde mit höchster Feindseligkeit und hohen Verlusten auf beiden Seiten geschlagen. Nur mit großer Mühe konnte König Heinrich den Angriff seines Gegenspielers Rudolf von Rheinfelden abwehren.
In den folgenden Jahren stieß der König in den Hauptunruheherd Sachsen-Thüringen erneut militärisch vor. Trotz der verlorenen Schlacht bei Flarchheim 1080, die der Papst nutzte, um den Bann abermals über Heinrich zu verhängen, zog der König von Erfurt aus ostwärts, wo sein Heer bei Hohenmölsen an der Weißen Elster auf das Heer seines Gegenspielers stieß.
Im März 1078 war er, der Herzog von Schwaben, auf dem Reichstag zu Forchheim von der Fürstenopposition gegen Heinrich IV. zum Gegenkönig gewählt worden. An den großen Schlachten in Thüringen - zu Homburg (noch als Heerführer des Königs), zu Mellrichstadt, Flarchheim und Hohenmölsen - war Rudolf von Schwaben führend beteiligt.

Am 15. Oktober 1080 widerstand das Heer Rudolfs von Rheinfelden im Bunde mit Otto von Northeim dem Heer Heinrichs IV. in der Schlacht an der Elster. Doch Rudolf wurde durch den Verlust der rechten Hand, mit der er dem König die Treue geschworen hatte, so schwer verwundet, daß er noch am Abend des Tages der Schlacht verstarb. In der Verwundung, der abgehauenen Rechten, der Schwurhand, und dem Tod Rudolfs sahen viele Zeitgenossen ein Gottesgericht und -urteil. So verlor der Gegenkönig Rudolf von Rheinfelden, Herzog von Schwaben, im Kampf gegen Heinrich IV. in der Schlacht bei Hohenmölsen an der Weißen Elster, Macht und Leben. Er fand im Dom zu Merseburg seine letzte Ruhestätte. Eine bald nach seinem Tode angefertigte Bronzegrabplatte zeigt sein Bildnis; diese Grabplatte im Merseburger Dom ist ein Meisterwerk spätromanischer Bronzekunst.

Otto von Northeim inszenierte die im wesentlichen erfolglose Inthronisierung des Grafen Hermann von Salm zum Gegenkönig. Als das Heer Heinrichs IV. nach den Kämpfen bei Flarchheim in der Nähe von Mühlhausen im Januar 1080 südwärts gezogen war und in der Nähe der Burg Wartburg kurze Rast gehalten und sich eines gegnerischen Angriffs zu erwehren hatte, trat die Wartburg in das Licht der Geschichte: ihr Name wurde in Brunos Buch vom Sachsenkrieg erwähnt.[27]
Im Verlaufe des Jahres 1080 hatte sich König Heinrich IV. gegen Erfurt gewandt, den damals antiköniglichen Mainzer Hauptstützpunkt in Thüringen. Der König eroberte im Oktober 1080 die Stadt und ließ Erfurt in Brand stecken, um Erzbischof

Die ersten Nachrichten von der Burg Hanstein stammen aus dem Jahr 1070. Graf Otto von Northeim, damals auch der Herzog von Bayern, ist der Besitzer der Burg. 1070 soll sie auch von Heinrich IV. im Rahmen der „Schlacht bei Eschwege" zerstört worden sein. 1075 wird sie wieder vom Grafen Otto von Northeim aufgebaut.
Foto: Harald Rockstuhl, 1997.

Siegfried I. von Mainz zu schaden. Dieser residierte vorzugsweise in Erfurt, nachdem er 1077 wegen seiner Gegnerschaft zu Heinrich IV. seinen Metropolitansitz am Rhein hatte verlassen müssen. Sogar die Kirche des Petersklosters und die Severikirche, in die sich die Einwohner geflüchtet hatten, blieben nicht verschont.

Die Geschichte der Stadt Erfurt verband sich in der Salierzeit engstens mit dem Investiturstreit, der Territorial- und Burgenpolitik König Heinrichs IV. im sächsisch-thüringischen Raum, mit dem Thüringer Zehntstreit seit den 50er Jahren des 11. Jahrhunderts und der Verflechtung dieser Auseinandersetzungen um den Kirchenzehnten in Thüringen mit dem sächsisch-thüringischen Adels- und Bauernaufstand 1073/1075 sowie mit dem Aufstand mittelthüringischer Bauern im Jahre 1123 und den ersten Bestrebungen nach Bürgerfreiheit und Selbstverwaltung in den Städten. Solange das Reichskirchensystem funktionierte, waren die der Kirche verliehenen Besitzungen und Privilegien dem Königtum auch in Erfurt nicht entfremdet. Erst als das Reichskirchensystem in den Kämpfen des Investiturstreites seine Bedeutung als Stütze des Königtums verlor und die großen geistlichen und weltlichen Herrschaften an Gewicht gegenüber der Reichsgewalt gewannen, konnte sich der Erzbischof von Mainz als Stadtherr Erfurts durchsetzen. Während des Investiturstreites wichen die aus ihrer Metropole Mainz vertriebenen Erzbischöfe Siegfried I. (1060 bis 1084) und Ruthard (1089 bis 1109) jeweils für mehrere Jahre (1077 bis 1084, 1098 bis 1105) nach Erfurt aus. Im 11./12. Jahrhundert bauten die Mainzer Erzbischöfe ihre grundherrlichen Befugnisse und ihre öffentlich-rechtli-

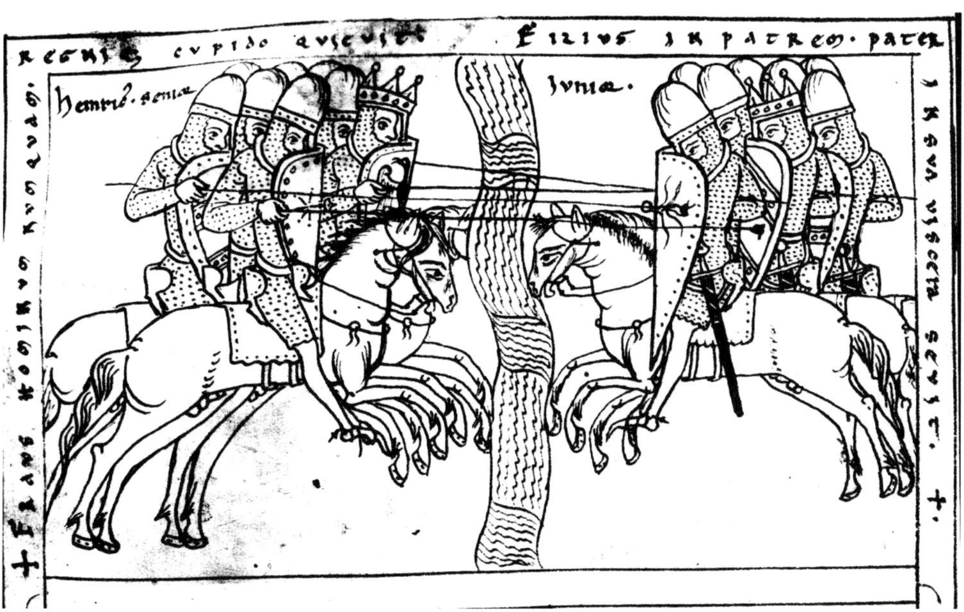

Heinrich IV. kämpft gegen seinen Sohn Heinrich. Aus der Weltchronik Ottos von Freising. Thüringer Universitäts- und Landesbibliothek Jena. Sammlung: Werner Mägdefrau.

che Macht in Erfurt zur Stadtherrschaft aus. Auf die umstrittene Frage, ob auf dem Petersberg in Erfurt ein Kloster im 8. Jahrhundert im Zuge der fränkischen Landnahme und christlichen Mission gegründet worden sei, das aber möglicherweise wieder einging, wurde verwiesen. Fest steht, daß mit der cluniazensisch-hirsauischen Reform dort eine Wiedergründung bzw. faktische Neugründung erfolgte.[28] Um 1060 wurde das Erfurter Peterskloster durch den Mainzer Erzbischof mit Gütern ausgestattet.[29] Auf Synoden, die Erzbischof Siegfried I. 1073, 1074 und 1075 in Erfurt abhielt, griff Heinrich IV. in den Thüringer Zehntstreit ein. Die Aufteilung des Zehnten zwischen dem Mainzer Erzstift und den Klöstern Hersfeld und Fulda wurde festgelegt, die Thüringer sollten die Zehntforderungen anerkennen. Im Verlauf des Investiturstreites schloß sich der Mainzer Erzbischof dem Gegenkönig Rudolf von Rheinfelden an. Deshalb wandte sich Heinrich IV. 1080 auch gegen das mainzische Erfurt.

Die Erringung der Kaiserkrone in Rom 1085, der Zusammenbruch des Gegenkönigtums Hermanns von Salm sowie die Huldigung des sächsischen und thüringischen Adels im gleichen Jahr 1085 sind Ausdruck der Stärke der Reichsgewalt; diese Ereignisse markierten den Höhepunkt in Kaiser Heinrichs IV. Regierungszeit.

Heinrich IV. ging es darum, wenn auch ohne vollen Erfolg für das Königtum, Sachsen und Thüringen burgenpolitisch zu beherrschen, das heißt, die Reichsburgen und -pfalzen als Regierungs- und Wohnsitz, vor allem als Instrumente der Raumbeherrschung und der militärpolitischen Strategie zu nutzen. Der Anteil königlichen Landbesitzes in der Region war nach wie vor erheblich, auch Macht und Einfluß des Kaisers im Lande. 1089 hielt Heinrich IV. auf der Tretenburg, jener uralten und traditionsreichen thüringischen Versammlungs-, Gerichts- oder Thingstätte, ein allgemeines Landgericht für Thüringen und Sachsen ab. Aber eine allgemeine Befriedung des Landes wurde nicht erreicht. Im letzten Jahrzehnt des 11. Jahrhunderts zeichnete sich deutlich ab, daß die Positionen des Königtums in Thüringen geschwächt waren und diejenigen der weltlichen und geistlichen Herrschaften erstarkten. Die Reformbewegung, wie sie von den Klöstern Cluny, Gorze und Hirsau ausgegangen war, drängte unter dem Einfluß und der Führung des Reformpapsttums auf eine Neugestaltung der Verhältnisse in Kirche, Staat und Gesellschaft sowie auf die Neubestimmung der Beziehungen zwischen Kirche und Staat. Der Widerstand eines Teils der Fürsten und Bischöfe gegen das salische Königshaus war keineswegs erloschen, und die Verschiebung des Kräfteverhältnisses im Heiligen Römischen Reich zugunsten der weltlichen und geistlichen Herrschaften war im ausgehenden 11. Jahrhundert nicht mehr aufzuhalten.

Ekkehard I. (gest. 1002) und seine Nachfolger hatten bis zum Aussterben der Ekkehardiner 1046 als Markgrafen von Meißen Amt und Aufgabe im Rahmen der Ostpolitik des Reiches, der Beziehungen zu Polen und Böhmen tatkräftig und erfolgreich wahrgenommen. Angehörige des thüringischen Grafengeschlechts von Weimar-Orlamünde wurden ihre Nachfolger. Diesen folgten Grafen aus dem Hause der Brunonen, der Grafen von Braunschweig, als Meißener Markgrafen, wurden jedoch 1088 wegen Aufsässigkeit abgesetzt. 1089 begann mit Heinrich I. von Eilenburg die Herrschaft der Wettiner in der Markgrafschaft Meißen.

Ekbert II. (um 1062 bis 1090), Sohn Ekberts I. (gest. 1068), aus dem Hause der Brunonen, hatte neben dem Grafenamt von Braunschweig nach dem Tode seines Vaters seit 1068 auch das Markgrafenamt von Meißen inne. Dies wurde ihm 1075 von König Heinrich IV. entzogen, worauf er sich offen in die sächsisch-thüringische Adelsopposition einreihte und sich 1078 an der Wahl des Gegenkönigs Rudolf von Rheinfelden beteiligte. In den folgenden Jahren wechselte Ekbert mehrmals die Bündnisse mit und gegen den König. Dabei gelang es ihm, die Mark Meißen zeitweilig wiederzugewinnen. Für dieses Verhalten bestrafte ihn 1086 ein Fürstengericht zu Wechmar bei Gotha mit dem Verlust seiner Besitzungen und Lehen, und im Sommer 1088 wurde er in Quedlinburg von einem Gericht unter dem Vorsitz König Heinrichs erneut als Feind des Reiches verurteilt. Trotzdem gelang es Ekbert II. - im Bunde mit dem jungen Grafen Lothar von Supplinburg - vor Weihnachten 1088 über das Heer des Königs in der Nähe der Burg Gleichen einen Sieg zu erringen. Im Februar 1089 verhängte Heinrich IV. in Regensburg über Ekbert II. die Reichsacht, und er übertrug noch im gleichen Jahr die Mark Meißen an den Wettiner Heinrich von der Lausitz. Ekbert aber wurde 1090 im Verlauf einer Fehde im Selketal (Harz) getötet, womit der Mannesstamm der Brunonen erlosch. Ihre Eigengüter um Braunschweig und Wolfenbüttel fielen über Ekberts Schwester Gertrud an deren Tochter Richenza, die reiche northeimische Erbin und Gattin des späteren König Lothars III.

Ihre Stammburg Wettin mit den umliegenden Besitzungen bildeten im 10. Jahrhundert den Ausgangspunkt der wettinischen Herrschaftsbildung in Sachsen und Thüringen. Diese konnten sie im 11. Jahrhundert über die Saale zur unteren Mulde hin erweitern und insbesondere, wie festgestellt, 1088/1089 die Mark Meißen gewinnen. Die Grafen von Groitzsch ließen um 1074 die Oppurg im Orlatal anlegen. Die Herren von Querfurt wurden nicht nur durch Brun von Querfurt (gest. 1009) aus der Ottonenzeit, sondern auch als Burggrafen von Magdeburg bekannt.

Das mächtigste Adelsgeschlecht Frankens in der ersten Hälfte des 11. Jahrhunderts waren die Markgrafen von Schweinfurt, die wohl zu den Nachkommen der älteren Babenberger (Popponen) zu zählen sind. Ihr Herrschaftsgebiet erstreckte sich bis in den Frankenwald, das Fichtelgebirge und den Böhmerwald. Dagegen wird in der neueren Forschung bezweifelt, daß die Grafen von Henneberg von den Babenberger-Popponen abstammten.[30] Graf Poppo I. von Henneberg war ein entschiedener Parteigänger König Heinrichs IV. und tapferer Mann. Er legte im 11. Jahrhundert im Grabfeld das Fundament für die Grafschaft Henneberg, ausgehend vom südwestlich Meiningens gelegenen Allodialgut um die Stammburg Henneberg. Als Poppo am 7. August 1078 auf seiten des Königs in der Schlacht bei Mellrichstadt den Tod gefunden hatte, ernannte Heinrich IV. dessen Bruder Godebold I. als Wahrer der Reichsinteressen zum Burggrafen zu Würzburg, was urkundlich 1091 belegt ist. In der Hand des Burggrafen (= Stadtgrafen) lag die hohe Gerichtsbarkeit, also die Blutgerichtsbarkeit, die die Kirche nicht ausüben durfte.

Kaiser Heinrichs IV. Sohn und Nachfolger König Heinrich V. (1098/1099 bis 1125) wurde von der Fürstenopposition gegen seinen Vater an die Macht gebracht.

Wenn fünf ottonische Herrscheraufenthalte in Erfurt - 932, 936, 973, 974, 975 - bisher bekannt sind, so liegen danach für einen langen Zeitraum keinerlei Nachrichten über Königsaufenthalte vor, was sich erst wieder mit den Erfurt-Aufenthalten der Salierkönige Heinrich IV. und Heinrich V. änderte. Sicherlich besteht ein diesbezüglicher Zusammenhang mit dem Übergang von Besitzungen und Rechten in Erfurt vom Reich an das Mainzer Erzstift im ausgehenden 10. Jahrhundert; zugleich blieb Erfurt auch in der salischen und staufischen Kaiserzeit bevorzugter Königsort und wichtiger Stützpunkt der Reichsgewalt in Thüringen - im Interessenausgleich und auch im zeitweiligen Interessenkonflikt mit den Mainzer Erzbischöfen. Das Peterskloster bezeichnete sich selbst stets als regale monasterium, königliches Kloster, und es hatte das ganze Mittelalter hindurch die Pflicht, den König und seinen Hof kostenlos zu beherbergen und zu versorgen.
Heinrich V. begab sich nach dem Bruch mit seinem Vater auf Einladung des Mainzer Erzbischofs Ruthard im April 1105 zur Feier des Palmsonntagsfestes nach Erfurt, wo er die Huldigung des thüringischen und sächsischen Hochadels entgegennahm. Er belehnte 1106 den Grafen Lothar von Supplinburg, der später - am 30. August 1125 - in Mainz von den deutschen Fürsten mit Unterstützung der anwesenden päpstlichen Legaten zum König gewählt wurde, mit dem Herzogtum Sachsen. Lothar von Supplinburg trat 1106 das Erbe der Billunger als Herzog von Sachsen an, und er stellte sich einige Jahre später an die Spitze der antiköniglichen Fürsten- und Adelsopposition in Sachsen und Thüringen.
1112 feierte König Heinrich V. (13. April 1111 Kaiserkrönung in Rom) in Erfurt das Weihnachtsfest, und er hielt dort im Sommer 1113 und 1114 Hoftage ab.
An der wieder erwachenden Adelsfronde, nun gegen Heinrich V., war auch Erzbischof Adalbert I. von Mainz beteiligt. Intensiv bemühten sich die thüringischen Adelsgeschlechter, indem sie die Machtkämpfe im Reich ausnutzten, ihre eigenen Machtpositionen zu festigen und weiter auszubauen. Seit 1112/1113 traten sie den Bestrebungen des Kaisers offen entgegen. Die Rückgewinnung von Reichslehen für die Krone war ein Teil der Bemühungen Heinrichs V., die Stellung der Reichsgewalt in Deutschland zu stärken. Dabei sollte die Einziehung von Lehensgütern und mitunter auch von adligem Allodialbesitz dazu dienen, das in den Kämpfen der letzten Jahrzehnte geschrumpfte Königsgut wieder zu mehren. Im Streit um das Erbe der Grafen von Weimar-Orlamünde kam es zum Konflikt.
Graf Otto von Weimar-Orlamünde, Markgraf von Meißen, war 1067 gestorben, ohne einen männlichen Nachkommen und Erben zu hinterlassen. Sein Bruder, Markgraf Poppo von Krain, hatte einen Sohn, den Markgrafen Ulrich I. von Krain, Istrien und Kärnten, der 1070 verstorben war. Aus der Ehe Ulrichs I. mit einer Tochter des ungarischen Königs Bela gingen zwei Söhne hervor: Markgraf Poppo VII. von Unterkärnten und Krain (gest. 1103) und Ulrich II., der zeitweilig mit einer Tochter Ludwigs des Springers verheiratet war, sich von dieser jedoch wieder getrennt hatte. Hinsichtlich seiner Beziehungen zu Thüringen wurde wichtiger, daß er hier besitzmäßig die Nachfolge Ottos von Weimar antrat. Auf die Mark Meißen, inzwischen fest in der Hand der Wettiner, konnte Ulrich II. allerdings ohnehin nicht mehr hoffen. Auch ist anzunehmen, daß Ottos Witwe Adila einige weimarische Allodialgüter in ihre zweite Ehe mit dem Wettiner Dedo II. einbrachte. Somit dürfte Graf Ulrich II. lediglich über einen verkleinerten Weimarer Herrschaftsbe-

reich verfügt haben, wobei diese gewissermaßen Neugründung des Hauses Weimar ohnehin keinen Bestand hatte. Im Jahre 1112 starb Ulrich II., und damit erlosch das Geschlecht der Grafen von Weimar im Mannesstamme. Als nun Kaiser Heinrich V. nach dem Tode des Grafen Ulrich von Weimar 1112 dessen Besitzungen und Lehen im Ilm-Saale-Dreieck als heimgefallene Reichslehen für die Krone zurückfordern und einziehen wollte, nahmen dies in erster Linie die Verwandten der Grafen nicht unwidersprochen hin, weil sie sich als erbberechtigt betrachteten. Dagegen stellte sich auch Pfalzgraf Siegfried von Sachsen, der Ansprüche auf das Erbe der Weimarer Grafen erhob. Erbansprüche meldeten vor allem die mit den Grafen von Weimar verwandten Grafen von Ballenstedt aus dem Hause der Askanier an. Unter den sächsischen und thüringischen Fürsten, die sich in diesem Erbstreit gegen Kaiser Heinrich V. wandten, befand sich auch Ludwig der Springer aus dem Geschlecht der Ludowinger, der Sohn Ludwigs mit dem Barte. Zu den Gegnern Heinrichs V. gehörte weiter der jüngere Wiprecht von Groitzsch, der Besitzungen im östlichen Teil Thüringens hatte. Stammvater der Askanier war Graf Adalbert von Ballenstedt. Dessen Urenkel, Otto der Reiche, besaß neben umfangreichen Grundbesitzungen und Klostervogteien die Grafschaften Aschersleben und Ballenstedt; er nannte sich zuerst Graf von Askanien (Ascharien) nach der gleichnamigen Burg bei Aschersleben. Das Gebiet um Aschersleben als politisch-militärischer Mittelpunkt und die Reichsabtei Nienburg an der Saale als missionskirchliches Zentrum waren die Ausgangspunkte der askanischen Herrschaftsbildung. Von dort aus erfolgten schon im 10. Jahrhundert Vorstöße in slawische Gebiete östlich der Saale, in die slawischen Gaue Serimunt und Koledici, so daß im Laufe der Zeit die Landschaft zwischen Saale, Elbe und Mulde ebenfalls unter die Herrschaft der Askanier kam. 1115 wurde in der Schlacht bei Köthen der Widerstand der Slawen gebrochen. Es entstand die Grafschaft Wörbzig, deren Geltungsbereich sich an die alte Gaueinteilung anlehnte und den Gau Serimunt sowie die Kleingaue Zitici und Koledici umfaßte. Im Gau Serimunt oder nunmehr in der Grafschaft Wörbzig lag auch die 1156 erstmalig urkundlich erwähnte Geburtsheimat Eikes von Repchow (gest. nach 1233), Schöpfer des Sachsenspiegels und der Sächsischen Weltchronik, das heutige Reppichau[31], im geographischen Dreieck Aken-Dessau-Köthen. In den blutigen Kämpfen, die 1112/1113 in Thüringen ausgetragen wurden, konnte der Askanier Siegfried II. (gest. 1124) den größten Teil des beanspruchten Erbes der Grafen von Weimar-Orlamünde in Besitz nehmen. Damit begann die Herrschaft der askanischen Linie des Hauses Weimar, deren Schwerpunkt an Ilm und Saale zunächst in Orlamünde, später in Orlamünde und Weimar lag.

Kaiser Heinrich V. gelang es 1113, einige seiner Hauptgegner gefangenzunehmen und auf dem Trifels festzusetzen. Seit Heinrich V. war der Trifels nahe Annweiler westlich von Landau in der Pfalz die wohl festeste, bedeutendste Reichsburg. Sie wurde auch als Reichsgefängnis genutzt, wie Burg Giebichenstein bei Halle. Prominente Königsgegner und Oppositionelle wurden auf dem Trifels zeitweilig inhaftiert, unter anderem Erzbischof Adalbert von Mainz 1113 und gleichzeitig Wiprecht von Groitzsch, später - 1193/1194 - der englische König Richard Löwenherz. Zeitweilig diente die Kaiserpfalz Trifels als Aufbewahrungsort für die Reichsinsignien. Erzbischof Adalbert hatte sich auch wegen des Vorwurfs zu verteidigen, er habe Ludwig den Springer gegen den Kaiser aufgehetzt.

In den Auseinandersetzungen der nachfolgenden Jahre zeigte sich immer deutlicher, daß Herzog Lothar von Sachsen, der künftige König, die stärkste Figur in der sächsisch-thüringischen Adelsfronde war.
Nach einem Sieg Heinrichs V. bei Warnstädt, westlich von Quedlinburg, 1113 mußte das königliche Heer unter Führung des Grafen Hoyer von Mansfeld zwei Jahre später am Welfesholz zwischen Gerbstedt und Hettstedt im Mansfelder Land im Februar 1115 eine schwere Niederlage hinnehmen. Am Welfesholz verlor Kaiser Heinrich V. nicht nur eine Schlacht gegen Wiprecht von Groitzsch und das Heer der sächsisch-thüringischen Fürsten, sondern auch seinen treuesten Anhänger in der nördlichen Reichshälfte und seinen Heerführer, den Grafen Hoyer von Mansfeld.
Lothar von Sachsen suchte Heinrich V. mit einem Feldzug gegen Erfurt hart zu treffen. Nach der Niederlage des Kaisers in der Schlacht am Welfesholz brach der Herzog an der Spitze eines Heeres im Sommer 1115 nach Mittelthüringen auf, konnte jedoch durch Verhandlungen von der beabsichtigten Eroberung Erfurts abgebracht werden. In Erfurt selbst konnte sich Heinrich V. vor allem auf Abt Burkhard und den Konvent des Petersklosters stützen - auch im Interessenkonflikt mit dem Mainzer Erzstift. Dafür hat Erzbischof Adalbert I. das Peterskloster schwer bestraft, nachdem er im November 1115 aus königlicher Haft entlassen worden war und im April 1116 erstmals wieder nach Erfurt kam. Er verfügte die Absetzung des Abtes und die Entziehung eines Teils des Klostervermögens, was das beiderseitige Verhältnis jahrzehntelang überschattete.

Ruine des Stammsitzes der Lobdeburger bei Jena mit den vier romanischen Fenstern des Palas.
Foto: Rainer Lämmerhirt.

Infolge des Streites um das Erbe der Grafen von Weimar und der militärischen Mißerfolge des Königs, insbesondere nach der erlittenen Niederlage seines Heeres 1115, die durch die Aufgebote der vereinigten thüringischen Grafen mit herbeigeführt worden war, sah sich Kaiser Heinrich V. im Frieden von Würzburg 1121 zu erheblichen Zugeständnissen zugunsten des sächsischen und thüringischen Adels gezwungen. Der Vergleich von Würzburg beinhaltete die Vergabe des Erbes der Grafen von Weimar-Orlamünde an die Askanier von Ballenstedt und verbriefte das Widerstandsrecht der Fürsten. Das entfremdete Reichsgut konnte für die Krone nicht zurückgewonnen werden. Vielmehr mußte sich Heinrich V. dem Leihezwang beugen, der sich im deutschen Reichs- und Lehensrecht durchsetzte.
Schließlich gelang es Heinrich V. mit dem Wormser Konkordat 1122, durch einen Kompromiß mit dem Papsttum, den Investiturstreit zu beenden.

I.3.2. Erfurt als Reformzentrum - Erzbischof Adalbert I. von Mainz (1109/1111 - 1137) - Kloster- und Kirchenreform in Thüringen

Zur bedeutendsten kirchlich-geistlichen Institution in Thüringen entwickelte sich das Erzstift Mainz. Im Zuge des Vorankommens der cluniazensisch-hirsauischen Kloster- und Kirchenreform, wie der kirchlichen Territorialpolitik, wurde auch die Kirchenorganisation weiterentwickelt. Im späten 10. Jahrhundert wurde, ausgehend von Burgund und Lothringen, die Klosterreform wirksam. Schon im frühen 11. Jahrhundert hatte das Würzburger Kloster Amorbach Beziehungen zu den Reformzentren Cluny und Gorze, es führte deren neue Ordnung (ordo) ein und erneuerte das Klosterleben. Um 1100 war das Priorat Schönrain am Main bei Gemünden, das Graf Ludwig von Thüringen dotierte, ein hirsauisch geordnetes Kloster in Franken. Zu den bedeutendsten Persönlichkeiten der Gorzer Reform in Deutschland gehörte Abt Richard I. (1012 bis 1039), der 1018 in Personalunion zu seiner Amorbacher Abtswürde das Kloster Fulda erhielt. Die ordo Amorbacensium wurde 1015 im neugegründeten Reformkloster Michelsberg bei Bamberg eingeführt.
In Thüringen war Erfurt das kirchlich-kultische Zentrum von überregionaler Bedeutung und der Mittelpunkt der Mainzer Territorialpolitik in der Region; Erfurt wurde zum bedeutenden Reformzentrum, von dem aus die Erzbischöfe von Mainz nach 1100 auch die Archidiakonatsverfassung in Thüringen einführten.
Neben den Kanonikerstiften St. Marien und St. Severi auf dem Domhügel, befand sich, gegenüber auf dem Petersberg ein weiteres, drittes Kanonikerstift, dessen Unterbringung in Verbindung mit dem Gebäudekomplex der Königspfalz stand. Dieses hatte Erzbischof Siegfried I. von Mainz (1060 bis 1084) - schon zu Beginn seiner Amtszeit unter dem Einfluß von Cluny und Hirsau - aus einem Chorherrenstift in ein Benediktinerkloster umgewandelt. Dieses Benediktinerkloster St. Peter in Erfurt wurde von den Mainzer Erzbischöfen in den Jahren 1072 und 1091/1092 zunächst siegburgisch, dann hirsauisch reformiert. Abt Giselbert von Reinhardsbrunn übernahm kurz nach 1088, dem Todesjahr des königstreuen Mainzer Erzbischofs Wezilo, zusätzlich noch das Amt eines Abtes des Petersklosters in Erfurt. Das Benediktinerkloster Reinhardsbrunn war seit seiner Gründung 1085 von Hirsauer Mönchen besiedelt worden. Nach dem Tode Giselberts (1101) löste sich diese Personalunion zwischen St. Peter und Reinhardsbrunn wieder. 1104 bestätigte Erzbischof Ruthard von Mainz die Besitzungen des Erfurter Petersklosters und erklärte diese von allen weltlichen Lasten und Abgaben frei.[32] Bereits damals besaß das Peterskloster Grund und Boden in Erfurt und in 23 Dörfern. Es gehörte - infolge zahlreicher Schenkungen und Privilegien - zu den reichsten thüringischen Klöstern. Unter Abt Werner (bis 1138), der ebenfalls aus Hirsau stammte, blieb im Erfurter Peterskloster der Reformergeist lebendig. Seine Mönche wurden durch ihre Schul- und Bildungsarbeit, Geschichtsschreibung und Bautätigkeit weithin bekannt. Mit dem Bau der Peterskirche entstand der bedeutendste romanische Kirchenbau Erfurts; sie wurde seit 1103/1104 von Benediktinermönchen aus Hirsau errichtet, die sich in Erfurt niedergelassen hatten.

Die erste urkundliche Erwähnung über Landbesitz des Erfurter Marienstifts vom 16. Oktober 1120 berichtet von der Schenkung von Gütern in Elxleben seitens einer Ritterfamilie.[33] Zwei der fünf damals neu geschaffenen Thüringer Archidiakonate wurden den Pröpsten der Kollegiatstifte St. Marien und St. Severi unterstellt und von Erfurt aus verwaltet.

Erzbischof Adalbert I. von Mainz führte in seiner langen Amtszeit von 1109/1111 bis 1137 die regionale Einteilung des Mainzer Erzbistums in Archidiakonate ein, die jeweils mehrere Erzpriestersprengel mit wiederum jeweils einer Anzahl von Pfarreien umfaßten. An der Spitze der thüringischen Archidiakonate standen die Pröpste von St. Marien und St. Severi zu Erfurt sowie der Stifte zu Jechaburg, Oberdorla und Heiligenstadt. Die Archidiakone waren für die kirchliche Verwaltung und die geistliche Gerichtsbarkeit in ihrem Sprengel zuständig. Spätestens seit dem frühen 12. Jahrhundert war die Mainzer Erzdiözese auch in Thüringen eine in Unterbezirke gegliederte kirchliche Verwaltungseinheit: Erzbischöfe, Archidiakone, Erzpriester und Pfarrer nahmen in der Hierarchie des Erzbistums die Leitungspositionen ein.

Die kirchlich-bischöflichen Gründungen und die grundherrschaftlichen Eigenkirchen waren die beiden Wurzeln der Pfarreien, deren Netzwerk im frühen Mittelalter schwer zu fassen ist. Die sogenannten Urpfarreien waren unterschiedlich hinsichtlich Alter und Sprengelgröße, gemeinsam war ihnen ihre Entstehung zuerst an Siedlungsschwerpunkten. Bis in die Zeit des Investiturstreites waren die Bischöfe darauf angewiesen, den Eigenkirchen der weltlichen Grundherren und der Klöster Pfarrechte zu verleihen, um den Gottesdienst und die Sakramentenspendung in den Regionen sicherzustellen. Mit der Auflösung des alten Eigenkirchenwesens ging ein Teil der Pfarrkirchen und Pfarreien an die Klöster über. Die Landpfarrer bestritten ihren Lebensunterhalt aus Anteilen von der Dotation der Kirche und vom Kirchenzehnten, durch Zuwendungen aus den Gemeinden und eigene land- und viehwirtschaftliche Betätigung. Erst die Diözesansynoden seit dem beginnenden 12. Jahrhundert nahmen auf normierte Klerusbildung, Kommunikation und Priesterbruderschaften stärkeren Einfluß. Bis dahin hatte der Mainzer Dompropst die Funktion des Archidiakons für die gesamte Diözese wahrgenommen. Das Amt des Archidiakons wurde nun mit den Propsteien der genannten Kollegiatstifte verbunden. Bis ins 13. Jahrhundert stand die Besetzung der Propsteien dem Mainzer Erzbischof selbst zu, und die Pröpste gehörten in der Regel dem Mainzer Domkapitel an.

Das Archidiakonat des Erfurter Marienstiftes (Beatae Mariae Virginis), dem auch die Stadt Erfurt zugehörte, war das größte und bedeutendste Archidiakonat Thüringens. Im späten Mittelalter umfaßte es 18 Erzpriestersprengel (Archipresbyterate, Sedes) mit ca. 500 Pfarreien. Größtenteils von Saale und Unstrut begrenzt, reichte es in die südlichen Kammlagen des Thüringer Waldes hinein und umschloß auch den Orlagau. Daran schloß sich westlich das Archidiakonat des Severistiftes an, dessen Grenze von Geraberg im Thüringer Wald aus in nördlicher Richtung bis Sömmerda und zur Unstrut verlief.

Mit der Naturlandschaft des Thüringer Beckens befand sich die Kirchenorganisation Thüringens in relativ guter größenmäßiger Übereinstimmung, wie sie mit den Archidiakonaten St. Marien (ca. 500 Pfarreien), St. Severi, Jechaburg (über 300

Pfarreien), Heiligenstadt und Dorla geschaffen wurde; die Einsetzung von Archidiakonen erfolgte im 12. Jahrhundert. Die Kirche trug entscheidend dazu bei, den Traditionsraum Thüringen - nach dem Sturz des Thüringer Reiches im 6. Jahrhundert - neu zu bestimmen und zu gestalten. Er wurde durch das Missionsbistum Zeitz-Naumburg, die fränkischen Bistümer Bamberg und Würzburg sowie das sächsische Bistum Halberstadt umgrenzt.

Das Stift Jechaburg lag am Südhang des Frauenberges bei Sondershausen, am Platz einer heidnischen Kultstätte und war offenbar aus einem Kloster hervorgegangen. Als Archidiakonatssitz war das Jechaburger Stift Mittelpunkt eines Archidiakonates, dem das gesamte Gebiet nördlich der Unstrut bis zum Südrand des Harzes zugeordnet war. Um 1125 entfaltete das Stift Jechaburg bereits eine große kirchliche Wirksamkeit. Jechaburg war Archidiakonatssitz und Sitz eines Erzpriesters, die Aufteilung des Archidiakonats Jechaburg in Erzpriestersprengel, in Sedes, war vollzogen. Die Pröpste von Jechaburg waren denjenigen von Heiligenstadt und Dorla gleichgestellt. Diese Gleichrangigkeit galt auch für diese drei Institutionen, denen die Pröpste vorstanden, wohl seit den Anfangsjahren des 12. Jahrhunderts. In Heiligenstadt dürften die Anfänge des Stifts wie auch der Königspfalz in die karolingische bzw. ottonische Kaiserzeit zurückreichen. Das Archidiakonat Heiligenstadt erstreckte sich in der Zeit Adalberts I. bis Eschwege, Soden-Allendorf und Witzenhausen. In seinen Unterbezirken, den Sedes, amtierten ebenfalls Erzpriester. In Oberdorla hatte der Mainzer Erzbischof Willigis im Jahre 987 in Verbindung mit einem Kloster eine Kirche geweiht. Dies und die Ernennung von Oberdorla zum Archidiakonatssitz war die christlich-kirchliche Antwort darauf, daß sich in unmittelbarer Nähe ein germanisches Moor- und Seeheiligtum als heidnische Kultstätte befand. Ähnliche Gründe führten dazu, in Jechaburg und Heiligenstadt christliche Kirchen- und Seelsorgezentren zu schaffen. Die diesbezüglichen Nachrichten über Jechaburg setzen mit der Umwandlung des Klosters in ein Stift im Jahre 1004 ein. Um die Wende vom 11. zum 12. Jahrhundert versuchten die Mainzer Erzbischöfe, im Raum Sondershausen territorial stärker Fuß zu fassen. Die auf der Burg Sondershausen ansässigen mainzischen Ministerialen boten dem Archidiakonatssitz Jechaburg einen starken Rückhalt.

Erzbischof Adalbert I. von Mainz ordnete die Verwaltungsstruktur im gesamten Mainzer Erzbistum und seinem Territorium neu.

Adalbert setzte einen vicedominus (Viztum) ein, gewissermaßen einen Statthalter, der als Stellvertreter fungierte und für die weltlichen Belange der Diözesanverwaltung zuständig war. Das Amt des Viztums ist an fast allen deutschen Bischofssitzen nachzuweisen. In allen Landesteilen des Mainzer Territoriums wurden Viztume eingesetzt: in Mainz, Aschaffenburg, Erfurt und auf dem Rusteberg (für das Eichsfeld und Hessen). Dabei handelte es sich um einen wichtigen Teil der Neuorganisation der Diözesanverwaltung, die von der Zentrale Mainz allein nicht mehr wirksam genug geleistet werden konnte. Das Amt des Viztums wurde anfangs durchweg von Adligen bzw. Ministerialen besetzt, in Erfurt seit 1120. So wurde unter dem Pontifikat Adalberts I. die Diözesanverwaltung verbessert und die Einführung der regionalen Archidiakonate zum Abschluß gebracht. Regionale Viztume und erzbischöfliche Ministeriale leiteten die weltliche Verwaltung.

Erzbischof Adalbert I. von Mainz betrieb in Thüringen eine energische, zielgerichtete Territorialpolitik zum Ausbau, zur Vergrößerung und verwaltungsmäßigen Neuordnung seiner geistlichen Landesherrschaft. Er erweiterte in Thüringen die Besitzungen des Mainzer Erzstifts, er verstärkte die erzbischöfliche Herrschaft und den Mainzer Einfluß. Ein wesentliches Mittel zur Sicherung seines Territoriums, vor allem der Herrschafts- und Verwaltungsmittelpunkte, waren der Bau, Ausbau und Erwerb von Burgen. Nachdem er der Fürstenopposition gegen Kaiser Heinrich V. beigetreten war, führte er Befestigungsmaßnahmen in Aschaffenburg durch, die civitas und Burg betrafen. In Erfurt ließ er den Domhügel befestigen und im Eichsfeld Burgen errichten, wie auf dem Rusteberg bei Heiligenstadt. Die Befestigung der Erfurter Domimmunität und die Errichtung der Burg Rusteberg auf dem Eichsfeld gehörten zum territorialpolitischen Konzept Adalberts I., sie sind zugleich als Antwort auf die sozialen Unruhen in Stadt und Land in der ersten Hälfte des 12. Jahrhunderts zu verstehen.

Das alte Nonnenkloster auf dem Domhügel wurde 1123 auf den Cyriaxberg verlegt; denn der Erzbischof brauchte Platz für den Ausbau seiner Erfurter Residenz.
Auch Burgen in Mittelthüringen gewann Adalbert hinzu, zum Beispiel Gleichen, Mühlburg und Mellingen.
Während des erneut ausbrechenden Zehntstreits gingen im Jahre 1123 erzbischöfliche Ministeriale in der Mark Duderstadt gewaltsam gegen diejenigen vor, die sich den Mainzer Zehntforderungen widersetzten. Dies ging so weit, daß der Erzbischof die Ernteerträge der Bauern von den Feldern zwangsweise eintreiben ließ. Daraufhin erhoben sich in Nord- und Mittelthüringen zahlreiche Bauern 1123 in einem offenen Aufstand, um die Mainzer Zehntforderungen abzuschütteln. Nach dem Bericht der Erfurter Peterschronik sammelten sich die Aufständischen auf der Tretenburg - dieser uralten thüringischen Volksburg, Gerichts- und Versammlungsstätte, die als traditionelles Symbol des Stammesbewußtseins der Thüringer galt - zum Angriff. Von dort aus wollten die aufständischen Thüringer unter Führung des Grafen Heinrich Raspe, des Bruders des späteren Landgrafen Ludwigs I., mit ca. 20 000 Mann in die Stadt Erfurt einbrechen, in der sich der Erzbischof aufhielt. Sie wurden durch geschicktes Verhandeln von diesem Vorhaben abgebracht; Genaueres ist über das Ergebnis dieser Verhandlungen nicht bekannt.
Das Bestreben der Mainzer Erzbischöfe, die einzelnen Gebietsteile zu vergrößern und zu einer territorial geschlossenen Landesherrschaft zu verbinden, führten zu Konflikten mit anderen Herrschaften in Thüringen, insbesondere mit den Ludowingern, die seit 1130 das neu geschaffene Thüringer Landgrafenamt innehatten. Trotzdem ist es gelungen, aus den grundherrschaftlichen und kirchenpolitischen Ausgangspunkten, die seit Bonifatius und dem frühen Mittelalter vorhanden waren, ein umfangreiches, teilweise geschlossenes Mainzer Territorium in Thüringen zu schaffen. Dessen Besitzungen gruppierten sich im 12. Jahrhundert - neben zahlreichen Streubesitzungen - vor allem in und um Erfurt; sie erfaßten die Umgebung von Weimar, das Gebiet bei Mühlhausen und Langensalza, und sie konzentrierten sich im Eichsfeld.

Erzbischof Adalbert I. kann als energischer, bedeutender Kirchenreformer und Territorialpolitiker auf dem Mainzer Stuhl bezeichnet werden. Noch stärker als bisher band er Klöster und Stifte an das Mainzer Erzstift. Die Verleihung der *„Mainzer Freiheit"* (Maguntinensis libertas), von seinem Vorgänger Ruthard unter dem Einfluß der kirchlichen Reformkreise seit Papst Gregor VII. und der cluniazensisch-hirsauischen Klosterreformbewegung bereits vorbereitet, setzte er in seiner Erzdiözese konsequent durch, das heißt: die Übertragung der für Kirche und Klöster allgemein geforderten Freiheit und Unabhängigkeit von allen weltlichen Feudalgewalten bei voller Unterstellung unter das Papsttum bei eindeutiger Unterordnung unter den Erzbischof. Die *„Mainzer Freiheit"* schloß auch die Städte mit ein, was mainzisch-erzbischöfliche Stadtherrschaft ebenso wie Förderung der Handwerker-Kaufleute-Siedlungen und Städte bedeutete. In Thüringen förderte Erzbischof Adalbert insbesondere Erfurt in seiner Entwicklung zur Stadt im Rechtssinne: freiere Besitz- und Arbeitsverhältnisse, genossenschaftliche Kooperationen der Handwerker und Kaufleute, Zuzug in die Stadt, Beteiligung von Bürgern an der Stadtverwaltung, wirksame Stadtbefestigung. Erst nach seiner Amtszeit kam es seit den 40er Jahren des 12. Jahrhunderts in Erfurt zu ernsthaften, zum Teil blutigen Konflikten um kommunale Fragen zwischen erzbischöflicher Ministerialität und bürgerlicher Stadtgemeinde.

Um 1079/1095 gründete der in Thüringen reich begüterte Graf Berno in der Nähe einer Burg das Chorherrenstift Ettersburg zu Füßen des Ettersberges bei Weimar. Sein Sohn Wichmann schenkte das Stift Ettersburg dem Erzbischof Adalbert von Mainz, der es der Schutzvogtei der Grafen von Gleichen unterstellte und die Augustinerregel einführte. Graf Wichmanns Eltern waren Graf Berno und dessen Gemahlin Adelheid. Er selbst war der letzte Vertreter eines in Thüringen reich begüterten Adelsgeschlechts, seine Ehe mit Kunigunde (gest. 1118), einer Tochter Ludwigs des Springers, blieb kinderlos. Als frommer Mann wurde er Ende 1116 Mönch in Kaltenborn und Ettersburg, danach wieder in Kaltenborn, wo er nach 1133 starb und auch seine letzte Ruhestätte fand. Bevor er 1116 in den geistlichen Stand eintrat, hatte er die meisten seiner Besitzungen vorwiegend geistlichen Institutionen übereignet, unter anderem den Bischofskirchen von Mainz und Halberstadt sowie dem Erfurter Marienstift. Graf Wichmann war ein Verwandter des Bischofs Reinhard von Halberstadt (1107 bis 1123). Aus einer Schenkungsurkunde vom 15. April 1120 ist weiter zu ersehen, daß Graf Wichmann dem Bischof zwecks Gründung eines Klosters in Kaltenborn bei Sangerhausen 267 Bauernstellen (Hufen) mit allem Zubehör und Besitzungen in 22 Dörfern geschenkt hatte, und zwar zwischen Harz und Saale im Bistum Halberstadt und der Pfalzgrafschaft Sachsen, in Thüringen und 50 Bauernstellen in sieben Dörfern des Orlagaus (Drognitz, Alten-Beuthen, Rauschengesees, Kospoda, Moderwitz, Neu-Moderwitz, Dreitzsch). Zu der umfangreichen Schenkung Graf Wichmanns an Adalbert I. von Mainz gehörten unter anderem Besitzungen und zwei Kirchen in Apolda, auch wechselten Ministeriale in den Dienst des Erzbischofs über. Denkbar wäre, daß in diesem Vorgang der Ursprung der erzbischöflichen Viztume von Apolda zu suchen ist. 1123 wird ein Dietrich von Apolda genannt, dessen Sohn

Dietrich II. nachweislich der erste Erfurter Vicedominus war. Dessen Söhne wiederum waren ebenfalls hohe Ministeriale der Mainzer Erzbischöfe: Viztum Berthold I. (1175 bis 1199), Schenk Dietrich III. (1192 bis 1199), Kämmerer Dietrich IV. (1189 bis 1199) und Truchseß Dietrich V. (1192 bis 1207).
Als weitere Gründung des unter cluniazensischem Einfluß reformierten Benediktinerklosters Hirsau entstand - nach dem Erfurter Peterskloster (um 1060) und Reinhardsbrunn (1085) - das Doppelkloster Paulinzella (nach 1100).
Paulinzella entstand in einem abgelegenen Waldtal, dem Rottenbachtal, westlich von Rudolstadt als kleine Niederlassung namens Marienzella, später nach ihrer Gründerin Paulinzella genannt. Paulina entstammte dem Geschlecht der Herren von Querfurt. Sie trat - nach dem Tode ihres zweiten Mannes - selbst in das Kloster ein, ebenso ihr Sohn Werner, und sie dotierte es mit den von ihr erworbenen Gütern zu Neusiß, Hengelbach, Liebringen und Nahwinden.[34] Das benediktinische Doppelkloster Paulinzella, als solches 1106 genannt, erlangte reichen Besitz. Seine ersten Mönche wanderten aus Hirsau zu. Die Schutzvogtei übernahmen die Grafen von Käfernburg-Schwarzburg. Der burgartige Klosterbau von Paulinzella, in den nordöstlichen Ausläufern des Thüringer Waldes auf halbem Wege zwischen Arnstadt und Saalfeld gelegen und aus einheimischem Buntsandstein errichtet, verkörpert als Werk der Hirsauer Bauschule den inzwischen erreichten hohen Stand auf dem Gebiete des Bauwesens. Zwischen 1102 (Beginn der Ansiedlung) und 1107 (Baubeginn der Klosterkirche) gegründet, erfolgte 1124 die Weihe von Paulinzella: eine dreischiffige Säulenbasilika im gebundenen System, mit Querschiff, nördlich und südlich mit einer Apside versehen, das dreischiffige Presbyterium mit drei Apsiden. Vor dem Hauptportal im Westen befindet sich eine dreischiffige Vorkirche mit Pfeilern, die denen der Erfurter Peterskirche (Baubeginn 1103) eng verwandt sind; die Vorkirche muß also erst nach der Kirchenweihe entstanden sein, jedoch nicht die beiden daran anschließenden Westtürme. Grundriß und Aufbau folgen den Hirsauer Baugedanken wie Säule mit Würfelkapitell, Schachbrettfries, chorus-minor-Pfeiler und hervorragende Steinbehandlung. Der Haupteingang, infolge der später entstandenen Vorkirche im Innern liegend, mit der darüber befindlichen Arkadenstellung und der ehemaligen Nonnenempore besitzt ein eindrucksvolles, abgestuftes Säulenportal mit figürlich gestaltetem Tympanon, das als erstes großartiges Beispiel eines direkt von Cluny beeinflußten Portals gilt. Während des ersten Bauabschnittes 1105/1107 bereiteten die Mönche in Paulinzella mit Rodungs- und Meliorationsarbeiten das Baugelände vor, errichteten provisorische Unterkünfte und eine Kapelle und bauten ein dreischiffiges Presbyterium. 1107 führte der mit weiteren Mönchen aus Hirsau in Paulinzella eingetroffene Abt Gerung den Bau der Klosterkirche nach dem Vorbild der Hirsauer Peter-Pauls-Kirche fort. Nach mehreren Jahren der Unterbrechung (1108 bis 1115) wurde um 1120 das Querschiff vollendet, in den nächsten Jahren das Langschiff gebaut, wobei dem Kloster durch eine Hungersnot 1120/1121 zahlreiche bäuerliche Arbeitskräfte zuströmten. Die Weihe der Abteikirche erfolgte um 1124. In der folgenden, bis etwa 1150 reichenden Bauphase entstand die westliche Vorkirche mit der Doppelturmanlage.

Durch Schenkungen, Tausch und Kauf mehrte Paulinzella rasch seine Besitzungen und Einkünfte. 1108 trat das Kloster das Freigut Baddeckenstedt im Tausch gegen das Gut Bunsdorf bei Burgscheidungen an das Stift Goslar ab. 1133 erhielt Paulinzella von Fulda das drei Pfund zinsende Dorf Gösselborn und trat durch seinen Vogt, Sizzo III. von Kevernburg, fünf Pfund zinsende Güter zu Clukowe, Cursitz und Remda ab. Auf diese Weise suchten beide Klöster mögliche Konfrontationen wegen ihrer dicht beieinanderliegenden, zum Teil ineinander verstreuten Güter zu vermeiden.[35] Paulinzella erfreute sich auch in den folgenden Jahrzehnten zahlreicher Schenkungen und Vergünstigungen durch weltliche und geistliche Herrschaften.

Paulinas Sohn Werner gab seine Burg Gatterstedt bei Querfurt auf und trat als Laienbruder in das Kloster Paulinzella ein, das von Papst Paschalis II. 1106 bestätigt wurde. Sizzo II., als in dessen Grafschaft gelegen die klösterliche Stiftung 1108 und 1114 bezeichnet wurde, betrachtete die Aktivitäten der Paulina sicherlich mit Wohlwollen - konnte der Graf doch erwarten, daß das Kloster in Zukunft von dem ihm 1114 verbrieften Recht der freien Vogtswahl im Sinne der Kevernburger Gebrauch machen würde. Außerdem waren von dem cluniazensisch-hirsauischen Reformkloster wichtige Pionierleistungen bei der Erschließung, Besiedlung und wirtschaftlichen Nutzbarmachung des bis dahin kaum berührten Gebirgsurwaldes zu erwarten. Kaiser Heinrich V. beurkundete 1114 die Gründung von Paulinzella, und er bestätigte dem Abt seinerseits alle Besitzungen und Rechte einschließlich des Privilegs der freien Vogtswahl.[36]

Paulinzella stellte einen romanischen Kirchenbau von erstrangigem architektur- und kunsthistorischem Wert dar, was sich an der Klosterruine auch heute noch erkennen läßt. Kirche und Kloster verfielen nach der Reformation, Zerstörungen im 16. bis 18. Jahrhundert reduzierten den Bau. Frühes Interesse der Denkmalpflege vereitelte einen 1718 beabsichtigten vollständigen Abbruch, Maßnahmen zur Pflege und Erhaltung begannen zu Anfang des 19. Jahrhunderts. Auf ehemaligen Klostermauern wurde im 17. Jahrhundert das sogenannte Amtshaus errichtet, das sich durch qualitätsvolles Fachwerk auszeichnet. Was bis zur Zeit Goethes an wertvollen Überresten und ursprünglicher Bausubstanz die Jahrhunderte überdauert hatte, würdigte dieser lobend hinsichtlich der *„reinlichsten Steinarbeiten“* und *„ruhigen Konzeption des Ganzen“* in ihrer Schönheit und Zweckmäßigkeit; Johann Wolfgang von Goethe, der Bewunderer des Straßburger Münsters, stellte mit seinem Urteil den Baumeistern, Handwerkern und Mönchen von Paulinzella ein hervorragendes Zeugnis aus.

Ziel der cluniazensischen Reformbewegung des 10./11. Jahrhunderts war die Rückbesinnung auf die ursprünglichen Inhalte und Ideale der Benediktinerregel und des mönchischen Lebens, die Säuberung des kirchlichen, besonders klösterlichen Lebens von allen weltlichen Einflüssen, die Befreiung der Kirche von der Einmischung und Bevormundung des weltlichen Adels, die Herstellung einer strengen Disziplin innerhalb einer straff organisierten, dem Papst unterstellten kirchlichen Hierarchie. Obwohl die Reformbewegung damit gegen das verbreitete Eigenkirchenwesen des Adels gerichtet war, unterstützten in der zweiten Hälfte des 11. Jahrhunderts Fürsten und Adel die Gründung und Ausbreitung der Reformklöster und unterminierten das Reichskirchensystem als wichtige Stütze des Königtums. Dem Adel bot sich die Gelegenheit, die straff organisierten und verwalteten

Reformklöster als deren Schutzvögte zu kontrollieren, mit ihrer Hilfe die ökonomische Erschließung und Nutzbarmachung des eigenen Territoriums voranzutreiben und nicht zuletzt die Bauern durch das Vorbild der hierarchisch geordneten, zu Gehorsam und Demut verpflichteten asketischen Mönchsgemeinschaft zu disziplinieren und fester in das Herrschaftsgefüge einzubinden. Gerade auch der wirtschaftliche Aspekt einer Klostergründung war von außerordentlicher Bedeutung. Die Niederlassungen erfolgten meist in abgelegenen, unwirtlichen, unbesiedelten Waldtälern, so daß der Aufbau einer funktionierenden Klosterwirtschaft umfangreiche Rodungs-, Meliorations- und Kultivierungsarbeiten erforderlich machte, in deren Folge neue bäuerliche Siedlungen, Nutzflächen und Wegeverbindungen entstanden. Die Arbeitsleistungen erbrachten überwiegend Laienbrüder, die sich vor allem aus der bäuerlichen Bevölkerung rekrutierten und im Klosterdienst eine weitgehende soziale Sicherheit und Schutz vor dem direkten Zugriff der weltlichen Grundherren fanden. Die Gründung dieses direkt vom Papst protegierten Reformklosters Paulinzella *„immunisierte"* das beanspruchte Terrain zugleich gegen den Zugriff *„konkurrierender"* Adelsgeschlechter und diente gleichermaßen als Ausdruck tiefer Religiosität dem Seelenheil der Dynastie sowie der standesgemäßen materiellen Versorgung nachgeborener Söhne und Töchter, die wiederum das Klosterleben im Sinne der Dynastie beeinflussen konnten.
Als die Auseinandersetzung zwischen Imperium und Sacerdotium in der zweiten Hälfte des 11. Jahrhunderts den ersten Höhepunkt erreichte, fand die cluniazensisch-päpstliche Reformpartei - ausgehend vom Kloster Cluny in Burgund - über das Reformkloster Gorze in Lothringen durch die Schwarzwaldklöster Hirsau und St. Blasien auch in Deutschland Eingang. Ihr Einfluß verbreitete sich hier rasch über den Süden und Südwesten und drang noch im 11. Jahrhundert bis nach Thüringen und Sachsen, wo ebenfalls mehrere Klöster nach den *„Constitutiones Hirsaugienses"* reformiert bzw. gegründet wurden.

Nach den bereits genannten ersten Niederlassungen der Hirsauer Klosterreformer in Thüringen folgten als solche Bosau bei Zeitz (1114/1115) und Thalbürgel bei Jena (1133). Im Jahre 1121 wurde der Zehnt von acht Dörfern durch Bischof Dietrich von Naumburg an das Kloster Bosau übertragen. Die Aufzählung von slawischen Ortsnamen weist auf eine starke slawische Besiedlung hin, wobei noch immer eigene slawische Siedlungen bestanden. Der Naumburger Bischof hatte die Gründung des Klosters Bosau veranlaßt, *„dessen Aufgabe offensichtlich in der Christianisierung der sorbischen Bevölkerung sowie in der Förderung der Besiedelung in den östlich des Klosters gelegenen Gebieten bestand. Von der noch immer starken Widerstandskraft des Heidentums in diesen Gegenden zeugt die Tatsache, daß 1140 das etwas weiter im Osten, südlich von Altenburg gelegene Kloster Schmölln 'wegen der Nachbarschaft der Barbaren und der Verfolgung durch schlechte Menschen' in sicherere Gebiete, nach Pforte bei Naumburg, zurückverlegt werden mußte."*[37] Schmölln-Pforte war ein Zisterzienserkloster, das seit 1132 durch Zisterziensermönche aus Walkenried besetzt worden war.
Benediktinerklöster wurden auch 1100 in Homburg und 1110 in Beichlingen gegründet.

1133 gründeten die Benediktiner in Thalbürgel eine Abtei, die durch ihre dreischiffige Vorhalle und das Säulenportal mit Würfelkapitellen eng an Paulinzella anknüpft, im Grundriß zeigen sich bereits zisterziensische Formen - dreischiffige Basilika mit Querschiff, an das sich ein fünfteiliger Staffelchor anbindet. Die Wettiner hatten seit 1135 die Schutzvogtei. Nach der Reformation verfiel das Kloster, die Kirche wurde nach Abbrüchen als Dorfkirche genutzt, bis zwei Restaurierungsperioden 1868 und 1889 die Seitenschiffe rekonstruierten, die Zwischenböden und andere Einbauten entfernten und das Querschiff nach Osten mit einer Fensterfassade neu vermauerten, der ruinöse Staffelchor wurde nicht aufgebaut. Die Restaurierung nach 1964 beseitigte unsachgemäße Arbeiten des 19. Jahrhunderts (Zementfußboden im Langhaus, Kanzel, Altar), führte Steinkonservierungen in der Vorhalle durch und markierte ähnlich wie in Paulinzella die Ostteile durch Aufmauerungen, ferner wurden Reste eines Lettners freigelegt und ergraben, der als Vorform des Naumburger Ostlettners anzusehen ist und somit zu den ältesten Anlagen in Deutschland gezählt werden kann.
Neben der Erfurter Peterskirche, den Kloster- und Kirchenbauten zu Reinhardsbrunn und Paulinzella wurde der Bau der Klosterkirche Thalbürgel vom Cluny-Hirsauer Baustil nachhaltig und eindrucksvoll beeinflußt.
Ein weiterer Großbau der Benediktiner entstand in Saalfeld. In der alten fränkischen Gründung Saalfeld bestand 876/880 ein karolingischer Königshof, in einer Urkunde des Kaisers Arnulf von Kärnten wurde 899 der Name Saalfeld (Salauelda) erstmalig erwähnt. *„Anstelle der älteren Königspfalz bzw. der lothringischen Burg der Königin Richeza sowie des von ihm selbst wieder aufgehobenen Chorherrenstifts gründet Erzbischof Anno II. von Köln das Benediktinerkloster St. Peter und Paul als Missionsstützpunkt 'zur Bekehrung der heidnischen Slawen zum Christentum' und zur Festigung seiner Machtpositionen an der sorbischen Grenze (in confinio Duringorum et Sclavorum in loco qui dicitur Salevelt, Vita Annonis) und stattet es mit einem Teil an Gütern der Richeza-Schenkung aus. Der Erzbischof übergibt dem Kloster unter anderem Einzelbesitz in dem zur Zeit noch 'halbheidnischen Lande Orla' mit allen Rechten und Einkünften.“*[38] Die Benediktinermönche aus den Klöstern Siegburg und St. Pantaleon in Köln erbauten das Saalfelder Kloster mit dreischiffiger gewölbter Basilika, Querschiff und Türmen, das an der Stelle des nach 1667 errichteten Barockschlosses stand und wahrscheinlich erst diesem Neubau weichen mußte.

I.3.3. Cluniazensisch-hirsauisches Benediktinertum und neue Ordensgründungen

In den Benediktinerklöstern, die nach den Prinzipien der cluniazensisch-hirsauischen Reformbewegung gegründet worden waren und die die kirchlich-kulturell-wirtschaftlichen Mittelpunkte ihres Umlandes darstellten, spielten von Anfang an die Laienbrüder eine wichtige Rolle. Diese waren die Hauptträger der klösterlichen Eigenwirtschaft, die den größten Teil der notwendigen und umfangreichen körperlichen Arbeiten auf Feld und Wiese sowie im Wald, bei Bauten und handwerkliche Tätigkeiten ausführten. Auf die wirtschaftliche Bedeutung der reformierten Benediktinerklöster und deren Leistungen bei der Kultivierung des Landes verweisen zum Beispiel noch heute die Reinhardsbrunner Teichanlagen. Die Laienbruderschaft der Reformklöster war ein wichtiges Mittel, Teile des Volkes in den kirchlichen Gesamtorganismus fest einzubinden. Die reformierten Benediktinerklöster forderten und vertraten nach dem Vorbild von Cluny und Hirsau nicht nur die strenge Beachtung der Mönchsregeln und Klosterordnung, sondern auch freie Abt- und Vogtswahl sowie die Befreiung der Kirche von weltlicher Herrschaft im Sinne des Reformpapsttums. Somit hatten nicht nur die antikönigliche Adelsfraktion, sondern auch die cluniazensisch-kurialistisch und ebenfalls antiköniglich orientierten kirchlichen Kräfte in den ersten Jahrzehnten um 1100 in Thüringen zahlreiche starke Stützpunkte.

Die Benediktiner, 529 gegründet und nach der Regel ihres Gründers Benedikt von Nursia (ca. 480 bis ca. 543) lebend, trugen schwarze Kutten. Sie gründeten klösterliche Niederlassungen und kirchliche Mittelpunkte, widmeten sich der Mission und Seelsorge, dem Kirchen- und Gottesdienst, der Wirtschaft und Kunst, Literatur und Geschichtsschreibung. Zum größten Teil stammten die Mönche und Nonnen der Benediktinerklöster aus Adelsfamilien.

Zu den Hauptvertretern der Gorzer Reform während der allmählich auch in Deutschland um sich greifenden Reformbestrebungen gehörte Abt Richard I. (1012 bis 1039), der 1018 in Personalunion zu seiner Amorbacher Abtswürde das Kloster Fulda erhielt. Über 100 Jahre später entstand die Benediktinerabtei Bürgel als Stiftung des Markgrafen Heinrich von Groitzsch und seiner Gemahlin Bertha. Sie wurde wahrscheinlich von Paulinzella aus besiedelt und 1133 wohl wie Paulinzella als Doppelkloster gegründet. Die Thalbürgeler Benediktinerabtei östlich Jenas in der Diözese Naumburg verfügte über umfangreiche Grundbesitzungen, ihre romanische Kirche zeigt im Stil Hirsauer Reformeinflüsse. Wiprecht von Groitzsch verstarb am 22. Mai 1124 im Kloster Pegau, wo er auch begraben wurde.

Bis zur Wende vom 11. zum 12. Jahrhundert existierten zwei Grundformen geistlicher Gemeinschaften: das Kloster für die Mönche und das Stift für die Kanoniker. Mit der Reformbewegung, den neuen Ordensgründungen des 11./12. Jahrhunderts traten Neuordnung und Erneuerung, Wandel und Vielfalt in die geistlichen Lebensformen.

Kloster Volkenroda im Jahr 1999. Foto: Harald Rockstuhl, Bad Langensalza.

Kloster Veßra. Blick auf die Ruine der Klosterkirche. Im Anbau am nördlichen Querhaus befindet sich die Grabkapelle der Grafen von Henneberg. Foto: Harald Rockstuhl, 1999.

Schloss Reinhardsbrunn 1904. Postkarte aus der Sammlung von Harald Rockstuhl.

Von den Benediktinern wurden nach 1100 die Zisterzienser als selbständiger Orden abgetrennt, und zwar nach der Gründung des Mutterklosters Cîteaux (lat. Cistertium) 1098 und der päpstlichen Bestätigung der „*Charta caritatis*“ im zweiten Jahrzehnt des 12. Jahrhunderts. Im Mittelpunkt dieser Regel des neuen Ordens standen nicht nur Mission oder Seelsorge, sondern die strenge Einhaltung des persönlichen Eigentumsverzichts und regelmäßige Arbeit mit den eigenen Händen. Frömmigkeit und Einfachheit, Arbeit und Werktätigkeit gehörten zu den Leitbildern, die die Zisterzienser mit den Wertvorstellungen und Gesellschaftsidealen vor allem der Bauern und Handwerker verbanden; der Zisterzienserorden trug seit seiner Gründung zur Aufwertung und Anerkennung der Handarbeit und des werktätigen Menschen in der Gesellschaft bei. Ohne daß damit die Priorität des asketisch-monastischen Lebensideals von der katholischen Kirche grundsätzlich aufgegeben worden wäre, wurde dadurch doch bestimmten zeitgemäßen Entwicklungen und Vorstellungen entsprochen, diesen im Rahmen der Kirche ein geistiger Freiraum gegeben und verwirklicht. In der praktischen Durchführung der Ordensregel entwickelten die Zisterzienserklöster deshalb bei der Anlage von Eigenwirtschaften, bei der Organisation von Rodung und Siedlung erhebliche Aktivitäten, aber auch rücksichtsloses Vorgehen gegen bäuerliche Besitzrechte war keine Seltenheit. Der Orden von Cîteaux ging aus dem Benediktinerorden hervor. Er bewegte sich im Rahmen benediktinischer Spiritualität; er ging aber neue Wege hinsichtlich der hierarchischen Filiation, der verstärkten Hand- und Landarbeit in bisher nicht besiedelten, wenig kultivierten Gebieten. Sein bedeutendster Vertreter war Bernhard von Clairvaux.

Der Zisterzienserorden wurde in erster Linie der Orden der Rodung und Siedlung, Kolonisation und Kultivation. Diese Aufgaben erforderten Strenge und Disziplin, Regelmäßigkeit und Gemeinschaft, was für die Zisterzienser besonders charakteristisch wurde.

Der Zisterzienserorden breitete sich rasch über ganz Europa aus. Als erste deutsche Niederlassung wurde 1123 das Kloster Altenkamp bei Rheinberg am Niederrhein eingerichtet. Im Jahre 1127 entstand Ebrach in der Würzburger Diözese, die nach Altenkamp und Lützel drittälteste deutsche Zisterzienserabtei. Abt und 12 Ordensbrüder kamen aus Morimond, der ersten von Cîteaux aus gegründeten Primarabtei. Der Würzburger Bischof Gebhard von Henneberg war ein Förderer des Zisterzienserordens. König Konrad III. und seine Gemahlin Gertrud, die in der Klosterkirche zu Ebrach 1146 ihre letzte Ruhestätte fand, gehörten zu den Wohltätern der Abtei. Infolge der Unterstützung durch Erzbischof Adalbert I. von Mainz nahm die Zisterzienserabtei Ebrach einen raschen wirtschaftlich-kulturellen Aufschwung. 1136 besaßen die Ebracher Zisterzienser neben dem zentralen Wirtschaftshof Ebrach bereits fünf Grangien (Eigenhöfe) sowie einen Hof in Würzburg. Bischof Gebhard von Würzburg schenkte dem Kloster einen Weinberg, eine Salzquelle und weitere Besitzungen. Den größten Teil ihrer Besitzungen bewirtschafteten die Zisterzienser - im Unterschied zu den Benediktinern - im Eigenbau, ein kleinerer Teil wurde an abhängige Bauern verpachtet. Von Ebrach ging die Gründung des Zisterzienserinnenklosters Wechterswinkel bei Mellrichstadt (um 1130) sowie des Zisterzienserklosters Bildhausen (um 1156) aus.

Auch im thüringischen Raum gründeten die Zisterzienser - bei Aufnahme von Laienbrüdern - vorwiegend in Gebieten des Landesausbaus ihre Niederlassungen, zuerst am Südharz in Walkenried (1127). Die mittelalterliche Basilika der Walkenrieder Zisterzienserabtei war dreischiffig und gewölbt, sie ruhte auf 36 Pfeilern. Anstelle der Burg Volkenroda, die nach dem sächsisch-thüringischen Aufstand hatte geschleift werden müssen (1074), wurde 1130 das Zisterzienserkloster Volkenroda bei Mühlhausen von der Gräfin Helinburgis von Tonna-Gleichen mit Genehmigung des Mainzer Erzbischofs gestiftet. Die Mönche verwendeten das Baumaterial der ehemaligen Reichsburg für den Klosterbau (1130/1131). Im Jahre 1132 wurde das ehemalige Benediktinerkloster Schmölln in ein Kloster der Zisterzienser umgewandelt, die aber 1137 zunächst nach Kösen, danach 1140 nach Pforte bei Naumburg übersiedelten. Graf Sizzo von Käfernburg und seine Gemahlin Gisela stifteten in den Jahren 1140/1143 das Zisterzienserkloster Georgenthal bei Gotha. Nach 1152 wurde mit dem Bau einer dreischiffigen Basilika im gebundenen System begonnen; an das Querschiff schloß sich ähnlich wie in Thalbürgel ein fünfteiliger Staffelchor, der um die Mitte des 13. Jahrhunderts in einen Rechteckchor umgebaut wurde. Georgenthal ist der erste durchgängige Wölbebau Thüringens, während vorher lediglich die Vorhalle zwischen den Westtürmen auf dem Erfurter Petersberg mit einem Kreuzrippengewölbe entstand; das Langhaus war in Georgenthal - wie aus den Pfeilerformen ersichtlich - mit Kreuzgratgewölbe versehen. Die Anlage wurde im 16. Jahrhundert weitgehend zerstört, im 19. Jahrhundert der Grundriß freigelegt, zum Teil wurden Säulen wiederaufgerichtet und Reste des Abtshauses, das sich nördlich an den Chor anschloß, konserviert. Im sogenannten Kornhaus - mit großer gotischer Fensterrose - werden Fundstücke aufbewahrt. Graf Ernst von Tonna-Gleichen war im Jahre 1162 der Gründer des Zisterzienserklosters Reifenstein bei Dingelstädt/Worbis. Eines der ersten thüringischen Zisterzienserinnenklöster wurde 1147 in Ichtershausen bei Arnstadt gestiftet; es folgte im ausgehenden 12. Jahrhundert auf hersfeldischem Besitz und unter landgräflicher Schutzvogtei Frauensee bei Eisenach, wo 1235 die Höchstzahl der Nonnen auf 66 begrenzt wurde. In Thüringen wurden noch ca. 34 weitere Zisterzienserinnenklöster gegründet. Auch die thüringischen Zisterzienserklöster brachten noch eine Anzahl von Tochtergründungen hervor, so daß eine außerordentlich starke Repräsentanz des Zisterzienserordens in dieser Region nachweisbar ist und am kirchlichen und kulturellen Landesaufbau aktiv mitwirkte.

Ebenfalls aus der Kloster- und Kirchenreform des 11. Jahrhunderts bzw. aus dem Investiturstreit erwuchsen und entstanden die regulierten Chorherrenstifte in Sulza (1063), Ettersburg bei Weimar (1079/1090), Bibra (nach 1106). Sulza an der Ilm bei Apolda entwickelte sich in Verbindung mit den dortigen Salzquellen, nach denen der Ort auch seinen Namen erhielt. 1046 wurde Sulza als Mittelpunkt eines königlichen Burgwards urkundlich erwähnt.

Der Orden der Prämonstratenser wurde 1120 von Norbert von Xanten gegründet. Seine Anfänge gingen von Prémontré aus. Er war kein Mönchsorden, sondern ein Orden von regulierten Kanonikern, aber Ordensverfassung wie Wirkungsfeld glichen denjenigen der Zisterzienser. Die Berufung Norberts zum Erzbischof von Magdeburg 1126 begünstigte auch deren Einflußnahme auf Thüringen. Wichtige Klöster der Prämonstratenser, die im 12. Jahrhundert in Thüringen in Verbindung mit weltlichen und geistlichen Herrschaften gegründet wurden, sind Veßra (1131), Frauenbreitungen an der Werra (1183), Ilfeld bei Nordhausen (1190) und Mildenfurth bei Weida (1193).

Zumeist erwuchs in der damaligen Situation Thüringens in den Reformklöstern den Adelsdynastien eine große Stütze, zumal mächtige thüringische Adelsgeschlechter als Gründer und Förderer von reformierten Klöstern auftraten. Die nunmehrige Vielzahl der Klöster war ein wesentlicher Faktor der kirchlichen Organisation und Verwaltung, des Herrschafts- und Landesaufbaus sowie des religiös-kulturellen Lebens in den entstehenden Landesherrschaften und darüber hinaus.

I.3.4. Grafen und Adel - Weltliche Herrschaftsgründungen

Geistliche wie weltliche Herrschaften gingen aus dem Investiturstreit gestärkt hervor. Die Ereignisse und Entwicklungen in den Jahrzehnten um 1100 lassen erkennen, zu welch großer Macht Fürsten und Adel auch in Thüringen in und nach diesem für das Kaisertum so überaus schweren Ringen mit dem Papsttum gelangt waren. Diese nutzten alle zur Verfügung stehenden Mittel und Möglichkeiten zur Herrschaftsbildung: Burgenbau, Rodung und Siedlung, Städtegründung und -förderung, Bergbau, Lehen, Landfriedensschutz und Hochgericht, Klostervogtei und -gründung sowie Ministerialität, die straffe Zusammenfassung ihrer Besitzungen und Rechte, die Schwäche des Königtums, um materiell-territorialen Gewinn und Privilegien zu erlangen, das heißt auch, Kron- und Reichsgut zu usurpieren und ihren eigenen Herrschaftsgebieten anzugliedern. All dies und anderes geschah in harten, erbitterten Auseinandersetzungen.
Auf Grund des Fehlens eines regional übergreifenden Herzogtums begann sich in Thüringen die Stellung mehrerer Adels- und Grafenfamilien und die Ausbildung ihrer Herrschaftsgebiete zu festigen, womit Machtstreben, Rivalitätskämpfe und Fehden untereinander sowie mit dem Königtum um Reichsgüter und Hoheitsrechte einhergingen. Die Entstehung der Landesherrschaft begann sowohl bei den geistlichen wie den weltlichen Herrschaften.
Die Grafschaft Mansfeld bildete sich am Ostharz. Grafschaft und Grafen trugen ihren Namen nach der Burg Mansfeld im Südteil des früheren Schwabengaus. Das Mansfeldische war ein wichtiges Durchzugsgebiet, später vor allem Bergbauzentrum, mit entsprechenden Verbindungswegen von Thüringen nach Sachsen und umgekehrt. Mit Graf Hoyer von Mansfeld wird das Mansfelder Grafengeschlecht um 1060 erstmals erwähnt. Im 11. Jahrhundert suchten und fanden die Grafen von Mansfeld bei den salischen Königen als deren Parteigänger Rückhalt und Unterstützung. Wie für die Askanier bestanden auch für die Herrschaftsbildung der Mansfelder günstige Voraussetzungen und wichtige Aufgaben an der Ostgrenze des Reiches, ihre diesbezügliche Bedeutung blieb jedoch hinter derjenigen der Askanier und vor allem der Wettiner zurück.
Während im thüringischen Südharzgebiet die Grafen von Honstein und die Grafen von Mansfeld zur Grundlegung einer eigenen Landesherrschaft gelangten, gewannen die Wettiner im Zuge der weiteren Ostexpansion und -kolonisation zunehmendes Gewicht, sie erlangten aber auch wachsenden Einfluß auf die thüringischen Verhältnisse an und westlich der Saale. Ihre Stammburg war Wettin an der Saale in der Nähe von Halle; sie wird 997 urkundlich erwähnt und 1124 in Verbindung mit dem Markgrafen von Meißen Konrad von Wettin genannt. Die Wettiner hatten die Markgrafschaft Meißen 1089 in ihre Hand gebracht. Sie nutzten im Raum zwischen Saale und Elbe und angrenzenden Gebieten östlich der Elbe seit dem frühen 12. Jahrhundert in verstärktem Maße die Möglichkeiten, ihre Einnahmen und damit ihre wirtschaftliche und politische Kraft durch Landesausbau zu verstärken wie zur Herrschaftsbildung überhaupt. In diesen Herrschafts- und Landesausbau bezogen die Wettiner Markgrafen von Meißen neben ansässigen slawischen Bauern zuziehende deutsche Bauern und Siedler ein.

Zum Jahre 1104 berichten die Annalen des Klosters Pegau, daß Graf Wiprecht von Groitzsch im Gebiet zwischen Pleiße und Mulde Bauern ansiedelte, die in Franken angeworben worden waren; um diese zu gewinnen, wurde ihnen unter anderem das Erbrecht an ihren Besitzungen zugesichert. Die Grafen von Groitzsch hatten sich wie die Vögte von Weida im östlichen Teil Thüringens niedergelassen. Ihre älteste Burg Oppurg im Orlatal wurde etwa 1074 angelegt und später erweitert. Wiprecht von Groitzsch (um 1050 bis 1124) stammte aus der östlichen Altmark; durch seinen Oheim, den Markgrafen der Nordmark Udo von Stade, wurde Wiprecht im Osterland ansässig, wo ihm im Tausch gegen sein altmärkisches Erbgut die Burg Groitzsch südlich von Leipzig übertragen wurde. Von hier aus gelang ihm - als Parteigänger König Heinrichs IV. - eine beträchtliche Herrschaftsbildung. Wiprecht von Groitzsch schwang sich zu einem der mächtigsten Grafen im sächsisch-thüringischen Raum auf. 1092 gründete er das 1096 geweihte, der Diözese Merseburg unterstellte Benediktinerkloster Pegau an der Elster. Er erwarb sich um die Kolonisierung des Landes Verdienste. Zeitlebens auf seinen eigenen Vorteil bedacht, trat Wiprecht von Groitzsch Ende des Jahres 1105, als der Stern Heinrichs IV. im Untergehen war, auf die Seite der sächsisch-thüringischen Fürstenopposition und des aufrührerischen Königssohnes Heinrichs V. und stand einige Jahre in dessen Diensten; im Jahre 1109 nahm er mit einem eigenen Aufgebot an einem Feldzug nach Polen teil. Nach dem Tode seiner ersten Gemahlin (1109) ging er eine zweite Ehe mit Kunigunde von Beichlingen ein, die ihm einen reichen Besitzstand in Thüringen einbrachte. Wiprecht geriet immer stärker in die sächsisch-thüringischen Interessenverwicklungen und in das antikönigliche Oppositionslager um Lothar von Supplinburg. Im März 1113 wurde er auf einem Feldzug bei Quedlinburg verwundet, gefangengenommen und durch ein Fürstengericht zu Würzburg zunächst zum Tode verurteilt, dann aber vom Kaiser zu zwei Jahren Haft auf der pfälzischen Feste Trifels begnadigt. Sein gleichnamiger Sohn war an der Schlacht am Welfesholz 1115 auf der Seite der Fürstenopposition ebenfalls beteiligt, starb aber bereits 1121. Nachdem Heinrich V. und Wiprecht ihren Frieden miteinander gemacht hatten, erhielt er seine Besitzungen zurück. An ihn wollte Kaiser Heinrich V. 1123 sogar die beiden Marken Lausitz und Meißen geben, wozu es allerdings - infolge von Widerständen aus dem Adel - nicht kam. Wiprechts Sohn Heinrich erhielt durch König Lothar 1131 die Lausitz. 1136 starb das Geschlecht der Grafen von Groitzsch aus. Ihr Erbe fiel an die Wettiner, in deren Dynastie Wiprechts Schwester Bertha eingeheiratet hatte.

Im Jahre 1122 wurden ein Erkenbert von Weida und 1143/1172 ein Heinrich von Weida urkundlich genannt. Beide Namen erwähnte auch die Chronik des Arnold von Quedlinburg, die dieser zwischen 1239 und 1265 über die Anfänge der Vögte sowie über die Entstehung der Veitskirche und des Klosters Mildenfurth bei Weida verfaßte.[39] Nach dieser Überlieferung ließ Kaiser Heinrich V., wie bereits erwähnt, 1113 den kaiserfeindlichen Wiprecht von Groitzsch gefangennehmen und erklärte ihn seiner Ländereien zeitweilig für verlustig. Dazu gehörte auch die Mark Zeitz. Der Kaiser setzte keinen neuen Markgrafen ein. Er wollte dieses freigewordene Reichsland als Königsgut erhalten, so daß er es an Ministeriale bzw. kaisertreue Adlige übertrug. Auf diese Weise gelangte Erkenbert II. von Weida in das Elstergebiet. Für treue

Blick vom Mühlberg auf die Wachsenburg im Mai 2005. Foto: Harald Rockstuhl.

Die Wanderslebener Gleiche, ursprünglich im Besitz der Erzbischöfe von Mainz und von diesen als Lehen (um 1160) an die Grafen von Gleichen-Tonna übergeben. Foto: Harald Rockstuhl.

Burg Mühlberg im Mai 2005. Foto: Harald Rockstuhl, Bad Langensalza.

Dienste, die er dem Kaiser geleistet hatte, wurde er mit dem Gebiet um Veitsberg an der mittleren Weißen Elster belehnt. Wann dieser Schritt erfolgte, ist nicht überliefert. Sicher dagegen ist, daß mit dieser Gebietsübertragung an die Vögte von Weida umfangreiche Bestrebungen eingeleitet wurden, um dieses Gebiet zu kolonisieren und zu einem festen Bestandteil des deutschen Königsgutes werden zu lassen, womit die Landesherrschaft der Vögte von Weida, Gera und Plauen entstand.
Im Inneren Thüringens lagen die Besitzungen der Grafen von Gleichen, die auch die Grafschaft Tonna besaßen. Die Burgenbezeichnung *„Drei Gleichen“* für die Wanderslebener Gleiche, die Mühlburg und die Wachsenburg ist nicht so zu verstehen, als wären sie alle drei im Besitz der Grafen von Gleichen gewesen; vielmehr gehörte diesen nur die erstgenannte Burg. Die Mühlburg befand sich im 11. Jahrhundert im Besitz der Grafen von Mühlberg, und sie wurde um 1130 mainzisch. Die Wachsenburg, die am weitesten südöstlich gelegene Burg der *„Drei Gleichen“*, zählt zu den ältesten Burgen Thüringens; wahrscheinlich ließ sie Abt Meingoth von Hersfeld um 950 zur Sicherung der Hersfelder Besitzungen in Thüringen erbauen, ihre weitere Geschichte verband sich bis zum 12./13. Jahrhundert mit häufigem Besitzwechsel in den Händen der Grafen von Mühlberg, Käfernburg-Schwarzburg, Orlamünde und Henneberg. Die frühesten Besitzer der Wanderslebener Gleiche, die 1034 in den Reinhardsbrunner Annalen erwähnt wird, waren die Grafen von Weimar-Orlamünde. Eine reale Grundlage hat die allgemein übliche Bezeichnung *„Drei Gleichen“* für die drei sich *„gleichenden“* Höhenburgen in der Nähe Arnstadts, die auf verhältnismäßig engem Raum am Rande des Thüringer Waldes eine markante Burgengruppe bilden, nicht; sie geht vielmehr auf eine sagenhafte Überlieferung zurück. Danach soll dieser Name entstanden sein, nachdem in einer Mainacht des Jahres 1230 alle drei Burgen vom Blitz getroffen worden wären und wie *„drei gleiche Fackeln“* gebrannt hätten. Durch Gustav Freytag, der im benachbarten Gotha und Siebleben seit 1851 lebte und wirkte, wurde die

Vom Jahr 1089 bis 1631 regierte in Gräfentonna das Grafengeschlecht von Tonna. Ihre Stammburg war die Gräfentonnaer Kettenburg. Auf der Postkarte (1910) im Hintergrund die Kettenburg. Sammlung: Harald Rockstuhl, Bad Langensalza.

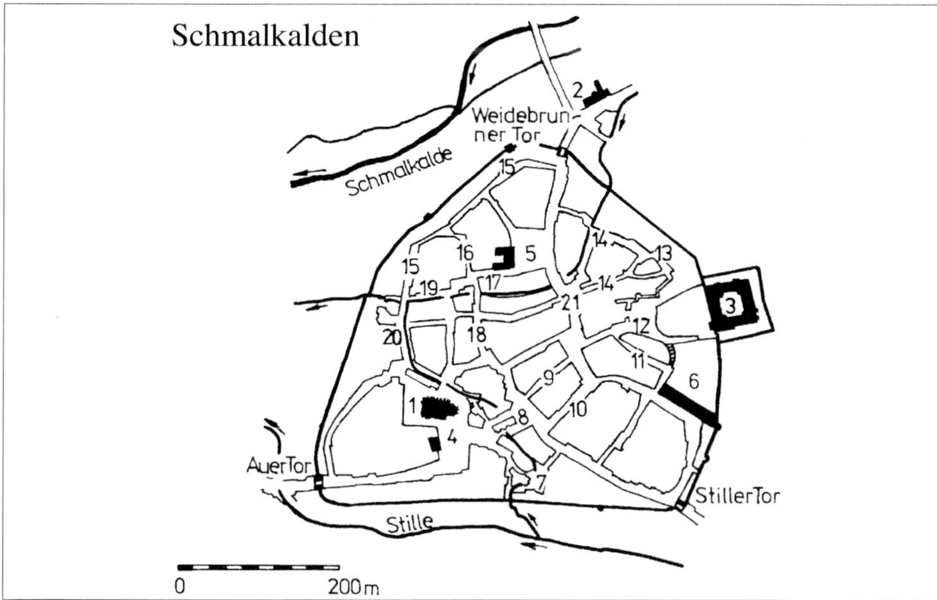

Schmalkalden im hohen Mittelalter. 1. Haupt- und Stadtkirche, 2. Hospital, 3. Schloß Wilhelmsburg, 4. Alter Markt mit Rathaus, 5. Neumarkt, 6. Renterei, 7. Hofstatt, 8. Salzbrücke, 9. Steingasse, 10. Judengasse, 11. Lehngasse, 12. Schloßberg, 13. Lappenberg, 14. Pfaffengasse, 15. Schmidthof, 16. Mönchsgasse, 17. Klostergasse, 18. Braugasse, 19. Wollwebergasse, 20. Entenplan, 21. Herrngasse. Zeichnung nach Rainer Lämmerhirt, Mihla.

Mühlburg seiner Zeit als *„Nest der Zaunkönige“* zum Schauplatz des ersten Bandes seines Romanzyklus' *„Die Ahnen“* (1872 bis 1880). Geschichtlich nachweisbar ist, wie gesagt, der Name *„Burg Gleichen“* lediglich für die nordwestlich bei Wandersleben liegende Burg, die quellenmäßig erstmals 1034 Glico genannt wird. Sie gelangte um 1130 in den Besitz der Mainzer Erzbischöfe, und sie wurde von diesen als Lehen an die Herren von Tonna vergeben, die sich danach seit 1160/1162 Grafen von Tonna-Gleichen oder Grafen von Gleichen nannten. Die Belehnung mit der Vogtei über die Stadt, die wahrscheinlich schon um 1104 durch den Erzbischof von Mainz erfolgte, und über das Peterskloster (letztere Vogtei ist nachweisbar seit 1134) brachte sie in enge Beziehungen zu Erfurt. Als Inhaber der hohen Gerichtsbarkeit hielten die Gleichener Grafen-Vögte jährlich dreimal ein ordentliches Gericht (Thing) für die Stadt und das städtische Weichbild ab. Die Grafen von Tonna-Gleichen gelangten auch im Eichsfeld, wo sie ebenfalls begütert waren, zu Macht und Einfluß. Um 1100 hatte das Geschlecht der Herren von Tonna, das wohl wie die Ludowinger aus Franken stammte, von Gräfentonna aus seine Herrschaft begründet und erweitert. Als Grafen von Tonna-Gleichen nahmen sie Gebiete an Unstrut und Gera in Besitz und breiteten sich bis in die Erfurter Gegend aus. Anfang des 12. Jahrhunderts erwarben sie die Vogtei des Petersklosters

in Erfurt, und schließlich belehnte der Mainzer Erzbischof die Grafen von Gleichen auch mit der Vogtei über die Stadt Erfurt selbst.
Mit den Käfernburg-Schwarzburgern, Hennebergern und Ludowingern nahmen seit dem 11. Jahrhundert in Thüringen weitere drei bedeutende Grafengeschlechter ihren deutlich sichtbaren Aufstieg.
Das Geschlecht der Grafen von Käfernburg-Schwarzburg war zunächst im Raum Arnstadt begütert. Graf Günther vermachte Güter im Gebiet um Arnstadt und entlang der Gera an die dort bereits begüterte Reichsabtei Hersfeld; um 1050 trat er gleichzeitig die Vogtei über die hersfeldischen Besitzungen Ohrdruf, Wechmar, Kölleda und Waltershausen an. Wenig später erhielten die sich nach ihrer Stammburg Kevernburg südöstlich von Arnstadt benennenden Grafen von Kevernburg (neuere Schreibweise: Käfernburg) auch die Vogteirechte über Arnstadt. Inmitten des Thüringer Waldes erheben sich über Altenbergen und Catterfeld der St. Georgenberg und der Alteberg (= Johannesberg). Dort lagen die Anfänge des Zisterzienserklosters Asolverod bzw. St. Georg, das später nach Georgenthal verlegt wurde. Die Kevernburg bei Arnstadt ist nicht zu verwechseln mit der weniger bedeutenden Kevernburg im Thüringer Wald bei Ohrdruf. Letztere war ursprünglich eine königliche Burg zum Schutz der dort über den Rennsteig führenden Heer- und Handelsstraße; sie gehörte zu den thüringischen Besitzungen der Reichsabtei Hersfeld und unterstand der Vogtei der Grafen von Kevernburg. Graf Sizzo von Kevernburg stand, worauf schon verwiesen wurde, in den Reihen der sächsisch-thüringischen Opposition, die in der Schlacht bei Homburg an der Unstrut 1075 König Heinrich IV. unterlag. Die Schwarzburg, gelegen an der Grenze zur *„terra Orla“*, deren Entstehungszeit im Dunkeln liegt, aber ebenfalls für die Mitte des 11.Jahrhunderts anzunehmen ist, wird 1071 erstmals erwähnt. Die *„Swartzinburg“* wurde im Jahre 1071 in einer Urkunde des Erzbischofs Anno II. von Köln im Zusammenhang mit einer Grenzbeschreibung des Orlagaues genannt.[40] Die Kevernburg fand ihre erste Erwähnung 70 Jahre später, in einer Urkunde vom 8. November 1141, in der Graf Sizzo III. von Kevernburg als Zeuge auftrat.[41] Zwischen 1071 und 1141 titulierten sich mehrfach Angehörige des Grafengeschlechtes nach der Schwarzburg: Günther (II.) 1099[42], Sizzo III. 1123[43], 1137[44] und am 21. Mai 1141[45]. Im Jahre 1114 urkundete Kaiser Heinrich V. für das *„im Gau Lancwizi in der Grafschaft Sizos“*[46] gelegene Kloster Paulinzella; 1147 bestätigte Konrad III. die Gründung und die Rechte des Klosters Ichtershausen *„im Gau Lancwitzi in der Grafschaft des Grafen Sizzo“*.[47] Unabhängig davon, wann die Kevernburger die Schwarzburg in Besitz nahmen, belegen diese Urkunden, daß sich die Grafenwürde ursprünglich auf den Längwitzgau bezog. Folglich werden die Kevernburger das Grafenamt auch von einem in diesem Gau gelegenen Sitz - der Kevernburg - ausgeübt haben. *„Wir müssen es doch für das Wahrscheinlichste halten, daß die Käfernburg in der rein deutschen Arnstädter Gegend die eigentliche Stammburg des Geschlechtes war und die Schwarzburg, wenn auch früher und zwar schon im Jahre 1071 bei einer Grenzbeschreibung des Orlalandes erwähnt, doch als an der Pforte des sorben-fränkischen Kolonialgebietes liegend, erst nach ihr erbaut wurde. Wenn später die Schwarzburg stets als im kaiserlichen Reichslehen gelegen bezeichnet wird, so dürften wir vielleicht hinzufügen, daß bei der Benennung Grafen von Käfernburg*

der Nachdruck auf dem Allod, den alten Eigentümern des Hauses, bei der anderen, Grafen von Schwarzburg, auf dem Lehnsgut liegt.“[48] Gerade die frühzeitige Bedeutung Arnstadts und seines Umlandes, auf die bereits hingewiesen wurde, dürfte dessen alsbaldige Sicherung mit einer Befestigung zur Folge gehabt haben, während die Belehnung der Kevernburger mit jenem Teil des Thüringer Waldes, in dem die Schwarzburg, der Greifenstein, Blankenburg und Königsee liegen, vermutlich noch im 11. oder beginnenden 12. Jahrhundert erfolgte. Der Name des im Schwarzatal südlich der Burg gelegenen Ortes Sitzendorf deutet auf einen Grafen Sizzo, der das Dorf zur Versorgung der Burgbesatzung anlegte. Mittels einer Urkunde vom 1. April 1099 schenkte Günther II., als *„Graf von Schwarzburg“* bezeichnet, dem Nonnenkloster zu Ilm Güter in Alt-Remda.[49] Günther war in erster Ehe mit der Gräfin Anna von Stolberg, nach deren Tod um 1075 in zweiter Ehe mit Swetoslawa, der Tochter des Großfürsten Swetoslaw Jaroslawitsch verheiratet, hatte zwei Söhne, Sizzo und Friedrich, die späteren Grafen von Kevernburg und Beichlingen. Er nahm 1080 an einem Turnier in Augsburg teil, stand später im Heer Heinrichs V. und fiel in der Schlacht am Welfesholz bei Mansfeld 1115. Der Sohn Günthers II. war Graf Sizzo III. Die um 1055/1060 geborene Kunigunde, Tochter des Grafen Otto von Weimar-Orlamünde und Markgrafen von Meißen (gest. 1067), heiratete den russischen Großfürsten Isjaslaw Jaroslawitsch (1054 bis 1078) zur Zeit seines Exils in Deutschland (1074 bis 1077). Isjaslaw ging 1077 wieder nach Rußland, fand aber bereits im folgenden Jahr bei neuerlichen Thronwirren den Tod. Die landesfremde Kunigunde kehrte daraufhin mit ihrer um 1075/1077 geborenen Tochter Mechthild nach Thüringen zurück und vermählte sich mit dem Grafen Kuno von Beichlingen. Aus der - zwischen 1090 und 1095 geschlossenen - Ehe Mechthilds mit Graf Günther II. stammte Sizzo III., Graf von Kevernburg und Schwarzburg. Günther II. könnte ein Sohn Sizzos I., des Rebellen gegen König Heinrich IV., gewesen und um 1055/1060 geboren sein. Die Verwicklung des Kevernburgers in die von 1112 bis 1118 anhaltenden Auseinandersetzungen zwischen Heinrich V. und einer sächsisch-thüringischen Adelsfronde um das Erbe der 1112 erloschenen Weimar-Orlamünder Grafendynastie wäre gut möglich. Möglicherweise existierte zwischen Sizzo, dem Rebellen (geboren um 1035/1040), und Sizzo, dem Klosterstifter von Georgenthal (gest. 1160), noch ein weiterer Träger dieses Namens, Sizzo II., da Sizzo III. nicht schon um 1100 geurkundet haben kann. Dieser Graf Sizzo II. wäre genealogisch am ehesten als Bruder Günthers II. einzuordnen. Der Kevernburger erscheint zwischen 1095/1101 neben anderen thüringischen Adligen, Grafen und Herren als Zeuge *„Sizo“* (ohne Grafentitel) für die Nonnen von Lippoldsberg[50] und um 1100 in Erfurt als Zeuge (*„Sizo, Graf“*) des Erzbischofs Ruthard von Mainz, der die Stiftung einer Kapelle in Eisenhausen gestattete und deren Weihe dem Bischof von Paderborn übertrug.[51] Ein Sizzo wurde 1108 als Graf im Längwitzgau an der oberen Ilm genannt.[52] Als Günther von Kevernburg 1005 den Klöstern Göllingen und Hersfeld Güter übereignete, behielt er sich bereits ausdrücklich die Vogtei über Kölleda und Ohrdruf mit den zugehörigen Dörfern vor.[53] Dieser Vorgang wiederholte sich um 1047/1050.[54] Das Vogteiamt war ein Lehen des Hersfelder Abtes, der jeweilige Inhaber hatte dem Abt mit fünf Kriegern Heeresfolge zu leisten. Als Vögte nahmen die Kevernburger wichtige Rechte und

Vollmachten im Auftrage des Abtes wahr: die Ausübung der hohen Gerichtsbarkeit einschließlich der finanziellen Einkünfte aus der Rechtsprechung sowie den militärischen Schutz des Vogteibezirkes. Durch Erbe oder Kauf gelangten die Kevernburger vermutlich schon vor 1000 in den Besitz des Asolverods, eines noch weitgehend unerschlossenen und dünn besiedelten Gebiets am St. Georgs- und Johannisberg nordwestlich von Ohrdruf, in dem zu Beginn des 8. Jahrhunderts jener Asolv von 722 rodete, siedelte und eine hier über das Gebirge führende Handelsstraße mit einer Anlage auf dem St. Georgsberg militärisch sicherte. Günther (I.) veräußerte Teile dieses Besitzes im 11. Jahrhundert an Graf Ludwig den Bärtigen.[55] Der Vogteibezirk Ohrdruf bildete das territoriale Bindeglied zwischen dem Asolverod und dem Längwitzgau, so daß die Kevernburger nach der Erlangung der Grafenwürde und des Reichslehens Schwarzburg zu Beginn des 12. Jahrhunderts am Nordhang und im nördlichen Vorland des Thüringer Waldes über ein geschlossenes Herrschaftsgebiet und damit über eine wichtige Voraussetzung für den Aufbau einer eigenen Landesherrschaft verfügten. Weiterer, recht ansehnlicher Streubesitz lag im Gebiet der Unstrutmündung und rechts der Saale, mit dem Sizzo um 1029 den neuen Bischofssitz Naumburg dotierte. Kaiser Konrad II. hatte 1028 die Bistumsverlegung von Zeitz nach Naumburg bewirkt. Sicherlich unterstützten die ekkehardinischen Brüder diesen Vorgang am wirksamsten, aber offenbar waren unter anderem auch die Käfernburger an der Fundierung des Bischofssitzes und am Bau der ersten Domkirche beteiligt, was ja auch die Stifterfiguren beweisen. Die bedeutendste und für die spätere Geschichte der Dynastie folgenreichste Erwerbung war die Belehnung der Dynastie mit einem großen Teil des südöstlichen Thüringer Waldes, in dem die Schwarzburg, Burg Greifenstein, Blankenburg und Königsee lagen - wahrscheinlich zur Zeit König Heinrichs IV. oder Heinrichs V. Der Name des Ortes Königsee verweist auf ein bis in die frühe Neuzeit ansässiges königliches Landgericht. Die Kevernburger hegten hier im Auftrage des Königtums die hohe Gerichtsbarkeit. 1118 und 1132 verzichtete Sizzo III. auf Erbansprüche rechts der Saale zugunsten der Klöster Bosau und Lausnitz.[56] Eine Gründung des 10. Jahrhunderts war das Kloster Göllingen an der Wipper, dem der Kevernburger Günther 1005 Güter vermachte. Das Hersfeld unterstehende Göllingen wurde vermutlich von einem Kevernburger gestiftet, wobei in Nordthüringen gelegener Streubesitz abgegeben wurde. Im 11./12. Jahrhundert förderten die Grafen zielstrebig und flächendeckend die Gründung kirchlicher Institutionen in ihrem Gebiet. Die Anlage von Klöstern und der Ausbau des Pfarreinetzes bildeten eine wichtige Komponente des Landesausbaus und der Sicherung eigener Herrschaftsansprüche gegenüber Konkurrenten. Der Name der Siedlung Crawinkel (1088 *„cravunkele"*, Cravincella) verweist auf die Gründung einer Kapelle durch einen Kevernburger Grafen um die Mitte des 11. Jahrhunderts. Auf der für diese Kapelle angelegten Rodung bildete sich bald eine ständige Ansiedlung, die zugleich Bedeutung als Rastort an der Kreuzung der alten Waldsaumstraße und der Loiben-Wald-Straße von Arnstadt über Oberhof nach Suhl erlangte. Die älteste Arnstädter Kirche, die Marienkirche, existierte zur Zeit des Hoftages von 954 bereits und ging wohl aus einer Kapelle aus der Zeit Willibrords oder Bonifatius' hervor. Paulina, die das Doppelkloster Paulinzella gestiftet hatte, starb bereits 1107 auf einer Reise zum Kloster Hirsau, das sie als Mutterkloster der bald nach ihr Paulinzella benannten Abtei auserkoren hatte. Darauf wurde schon eingegangen. Die Gründung des Zisterzienserklosters Georgenthal als Hauskloster der Grafen von Käfernburg-Schwarzburg fand unter Graf Sizzo und seiner Gemahlin Gisela im Jahre 1143 ihren Abschluß. Die räumliche Nähe zum Benediktinerkloster Reinhardsbrunn, dem Hauskloster der Ludowinger, hatte auf seine weitere Geschichte sowohl hinsichtlich der Gemeinsamkeit als auch der Konfrontation erheblichen Einfluß.

Der Herrschafts- und Machtbereich der Grafen von Käfernburg-Schwarzburg erstreckte sich im hohen Mittelalter vom Kamm des Thüringer Waldes nordwärts, in Richtung des Thüringer Beckens bis zur Unstrut.

In Südwestthüringen gelang es dem sich nach seiner Stammburg Henneberg bei Meiningen benennenden Geschlecht der Grafen von Henneberg, bedeutende Besitzungen in seine Hand zu bringen. Fraglich ist, ob die Henneberger als Nachkommen der Popponen bzw. Babenberger im Grabfeld gelten können[57] oder von einer der Abtei Fulda nahestehenden Familie edelfreien Standes abstammen.[58] Seit den Anfangsjahrzehnten des 11. Jahrhunderts und 1049 nebeneinander traten die hennebergischen Grafennamen Poppo (Boppo) und Got(d)ebold in der Überlieferung ständig auf. Der Machtbereich der Grafen von Henneberg erstreckte sich anfangs auf das obere Werratal und über die Nebenlinie der Herren von Frankenstein nach Allendorf bei Salzungen und zur Burg Metilstein bei Eisenach. Vom nördlichen Grabfeld zur Rhön und zum Kamm des Thüringer Waldes schließlich reichend und mit Streubesitz in den Mainlanden versehen, war die Grafschaft Henneberg stets Grenz-, Einfluß- und Kampfzone zwischen den sich in Thüringen, Hessen und Franken entwickelnden Kraftfeldern und Kulturströmen. Die Ehe Poppos I. mit der Ludowingerin Hildegard, einer Tochter Ludwigs mit dem Barte, kann als Beweis dafür gelten, daß die Henneberger im 11. Jahrhundert zu den angesehensten und mächtigsten hochfreien Dynastien im Grenzland zwischen Franken und Thüringen gehörten. Hildegard schenkte ihrem Gatten Poppo zwei Söhne: Poppo (II.) und Gotebold (I.). Poppo I., der Starke, von Henneberg fand 1078 in der Schlacht bei Mellrichstadt und Oberstreu - an der Seite König Heinrichs IV. kämpfend - den Tod; er war sicherlich ein Vorfahre der Grafen von Henneberg. Darüber berichtet der Mönch Frutolf vom Michelsberg zu Bamberg in seiner Weltchronik.[59] Ob die Burg Henneberg südwestlich von Meiningen im Jahre 1078 bereits bestand, geht daraus nicht hervor. Wohl als Dank für ihre Unterstützung verlieh Heinrich IV. die Würzburger Burggrafschaft wahrscheinlich bereits 1078 oder in den nachfolgenden Jahren an die Henneberger. Gotebold I. von Henneberg wurde erstmals als Burggraf von Würzburg bezeichnet. Erst vom Jahre 1096 stammt die früheste urkundlich gesicherte Erwähnung eines Grafen von Henneberg. Sie betrifft Graf Gotebold I. von Henneberg (gest. 1110), der 1087 und 1091 als Burggraf von Würzburg urkundlich nachweisbar ist, obwohl das Würzburger Burggrafenamt bereits vorher existierte.[60] Dieser Stellung verdankten die Henneberger möglicherweise sogar ihren Grafentitel, ganz sicher aber ihren Aufstieg als Grafen wesentlich mit. In einer Tauschurkunde zwischen Würzburg und dem Kloster Comburg von 1096 wird der Geschlechtsname von Henneberg zum ersten Mal urkundlich belegt. Der mittelalterliche Bau der namengebenden Stammburg erfolgte am Platz einer früheren befestigten Höhensiedlung. Die 1129 erstmals erwähnte würzburgi-

Entwurf und Zeichnung von Rainer Lämmerhirt, Mihla.

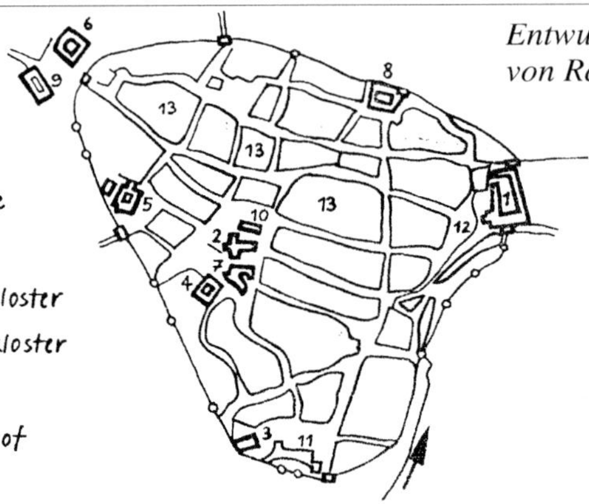

1.-Nicolaikloster
2.-Georgenkirche
3.-Marienkirche
4.-Franziskanerkloster
5.-Dominikanerkloster
6.-Annenspital
7.-Landgrafenhof
8.-Stadtburg
9.-Hellgravenhof (Ministerialensitz)
10.-Rathaus
11.-ältester Markt
12.-Fernhandelsmarkt
13.-jüngste Marktsiedlung der Ludowinger

Eisenach

Nachdem bereits zwei ältere Siedlungskerne um die Marienkirche und die Nicolaikirche entstanden waren, kam in der Mitte des 12. Jahrhunderts ein weiterer Siedlungskern um den landgräflichen Steinhof hinzu. Durch Umsiedlung benachbarter oder in die Stadt aufgehender Ortschaften entstand im nördlichen Stadtgebiet die landgräfliche Neustadt.

sche Burg Landeswehre mit Meiningen war gleichsam der *„Pfahl im Fleische Hennebergs“*. Neben Burg Henneberg und Landeswehre war die auf einer Basaltkuppe der Vorderen Rhön gelegene Hutsburg eine der ältesten und mächtigsten Burganlagen im Henneberger Raum. Wahrscheinlich im 12. Jahrhundert entstand die Walrabsburg in Schmalkalden, die später auch dem Schutz der dortigen Bergwerke und Eisenhämmer diente, an deren Standort in den Jahrzehnten um 1600 Landgraf Wilhelm von Hessen das Schloß Wilhelmsburg als regelmäßige Vierflügelanlage mit Renaissancegiebeln erbauen ließ. Die Grafen von Henneberg gelangten durch die Verleihung ausgedehnter Grafenrechte und des Würzburger Burggrafenamtes zu großem Einfluß, sie bildeten die vorherrschende Macht im nördlichen Grabfeld. Die dem Würzburger Burggrafenamt zugehörigen Amtslehen Mellrichstadt und Meiningen trugen zusammen mit bedeutenden Reichslehen, wie den Forsten am Thüringer Wald, dem um die Stammburg konzentrierten Eigengut und geistlichen Lehen zur Herrschaftsbildung bei. Trotz der Absplitterung kurzlebiger

Wartburg bei Eisenach auf einer Postkarte von 1904. Sammlung Harald Rockstuhl.

unbedeutender Seitenlinien gelang der weitere Herrschaftsausbau durch Neuerwerbung und Erschließung der Forsten im Landesausbau. Dabei wurde der Machtschwerpunkt von der Stammburg Henneberg an die untere Schleuse verlegt, was die Gründung des Hausklosters Veßra und der Stadt Schleusingen mit der Bertholdsburg anzeigten.
Die Grafen von Henneberg konnten bis in die frühe Neuzeit ihr Territorium zwischen Meiningen, Schleusingen, Kissingen und Coburg ausbauen. Das Henneberger Land bildete eine Brücke zwischen Thüringen, Franken und Hessen.
In der Neuzeit und bis ins 20. Jahrhundert prägten vor allem die Dynastien der Wettiner, Schwarzburger und Reußen das Bild der thüringischen Kleinstaaten.
Im hohen Mittelalter konnten von den thüringischen Grafen in erster Linie die Ludowinger infolge von Burgen, Lehen, Eroberungen, vorteilhaften Heiraten, Kirchen- und Klostervogteien, Rodungen und Siedlungen ihre Besitzungen und ihren Einfluß in der Region vermehren, eine bedeutende Herrschaft, Macht und Stellung im *„Heiligen Römischen Reich"* erlangen. Im Jahre 1130 wurden den Ludowingern Amt und Würde eines Landgrafen von Thüringen seitens des Königs übertragen. Einiges über die Anfänge der Ludowinger in Thüringen wurde schon berichtet.[61]
Daß der Stammvater des Geschlechts der Ludowinger, Ludwig der Bärtige, gleichsam im Gefolge König Konrads II. von Franken (1024 bis 1039) und dessen schwäbischer Gemahlin Gisela aus Mainfranken nach Thüringen übersiedelte, ist durchaus wahrscheinlich. Dort hatten die Grafen von Rieneck um 1030 das Mainzer Burggrafenamt erhalten. Offen bleiben muß, ob Ludwig ein Lehensmann des Erzbischofs von Mainz war; allerdings blieben Beziehungen zu Mainz bestehen. In Thüringen schuf er neben dem Gebiet um Altenbergen-Friedrichroda infolge seiner Heirat mit Cäcilie von Sangerhausen im Gebiet um Sangerhausen einen weiteren territorialen Schwerpunkt seiner Herrschaft. Um 1055 verstarb Ludwig der Bärtige. Sein Sohn, Ludwig der Springer (gest. 1123), veranlaßte um 1070 den Bau der Wartburg und um 1090 den Bau der Neuenburg über der unteren Unstrut. Damit wurden das westliche wie das östliche Herrschaftszentrum markiert, das

Herrschafts- und Einflußgebiet der Ludowinger in Thüringen abgesteckt. *„Wart'-Berg, Du sollst mir eine Burg tragen!“* soll Ludwig der Springer 1067 während einer Jagd ausgerufen haben. Um den Landraub im Eisenacher Gebiet auch gegenüber dem früheren Besitzer, der Reichsabtei Hersfeld, zu legitimieren, ließ er der Sage nach Erde in Körben aus seinem Herrschaftsgebiet herbeischaffen und ausschütten, und seine Ritter legten den Schwur ab, indem sie ihre Schwerter in diese Erde stießen, es handele sich um Ludwigs Eigentum. Bevor sich Ludwig des Wartberges bemächtigte, hatte dieser nämlich zum Besitz des königstreuen Klosters Hersfeld gehört. Als das Heer Heinrichs IV. nach Kämpfen in der Nähe von Mühlhausen im Januar 1080 südwärts zog und in der Nähe der Burg Wartburg kurze Rast hielt, trat die Wartburg in das Licht der Geschichte: ihr Name wurde in Brunos Buch vom Sachsenkrieg erwähnt, als ein Angriff auf das Heer des Königs erfolgte. Die Gründung des Benediktinerklosters Reinhardsbrunn 1085 durch Ludwig den Springer erfolgte als Sühnehandlung für den Mord an dem sächsischen Pfalzgrafen Friedrich III. von Goseck in der Nähe von Zscheiplitz, woran Ludwig beteiligt war. Die Heirat mit dessen Witwe Adelheid festigte seine Stellung in den Reihen des Hochadels, brachte ihm weiteren Gebietszuwachs, allerdings nicht die Pfalzgrafschaft Sachsen. Goseck, zwischen Naumburg und Weißenfels gelegen, war die Stammburg der Pfalzgrafen von Sachsen. Ludwig der Springer, der inzwischen im antiköniglichen Lager aktiv tätig war, förderte die cluniazensisch-hirsauischen Klosterreformbestrebungen. Das Kloster Reinhardsbrunn wurde mit 12 Mönchen aus dem Reformkloster Hirsau besetzt und dem Papst direkt unterstellt; es erhielt die genannten sechs Rodungsdörfer als Ausstattung, die Schauenburg wurde zu seiner Schutzburg. Nachdem die Ekkehardiner 1046 ausgestorben waren, fiel auch die um 1000 von Markgraf Ekkehard I. gegründete Eckartsburg auf der Finne nordöstlich Apoldas an das Reich zurück; sie ging 1121 in den Besitz der Ludowinger über. Im Raum Zella-Mehlis, um ihre Stammburg Nordeck auf dem Ruppberg, hatten die Herren von Nordeck etwa zur gleichen Zeit wie die Ludowinger ihre Herrschaft im Thüringer Wald begründet. Hildegard, Tochter Ludwigs mit dem Barte, heiratete nach dem Tode ihres ersten Gemahls Poppo I. von Henneberg (gest.1078) Thimo von Nordeck. Dessen Sohn wiederum vermachte Anfang des 12. Jahrhunderts Besitzungen an das Kloster Reinhardsbrunn, womit die Ludowinger auch im Raum Zella-Mehlis Fuß fassen konnten. Der kühne Sprung vom Burgverlies Giebichenstein bei Halle aus kaiserlicher Gefangenschaft herab in die Saale, dem Ludwig seinen Beinamen *„der Springer“* verdankt, bleibt Sage.[62] Erstmals wurde er so vom Eisenacher Stadtschreiber und Thüringer Chronisten Johannes Rothe (1350/1360 bis 1434) genannt. Im Jahre 1113 verbüßte Ludwig der Springer eine nur kurze Haftzeit. Als er Anfang 1114 zur Hochzeit Heinrichs V. mit der englischen Königstochter Mathilde in Mainz eintraf, wurde er erneut in Haft genommen und erhielt erst im Herbst 1116 wieder die Freiheit. Auch danach blieb das Verhältnis zum Kaiser gespannt. Erst 1122, als eine Verständigung im Sinne eines Kompromisses zwischen Papst und Kaiser mit dem Wormser Konkordat zustandegekommen war, versöhnten sich auch Heinrich V. und Ludwig. Im darauffolgenden Jahr - 1123 - verstarb Ludwig der Springer als Mönch in Reinhardsbrunn, dem Hauskloster der Ludowinger und ihrer ersten Grablege.

Anmerkungen zu Kapitel I

1 Diese Zahlen nennen: Leo Stern und Horst Gericke, Deutschland in der Feudalepoche von der Mitte des 11. Jahrhunderts bis zur Mitte des 13. Jahrhunderts = Lehrbuch der deutschen Geschichte (Beiträge 2/2), Berlin 1978, S. 29. - Von 60 bis 70 in der Karolingerzeit und 200 bis 300 Markt- und Handelsplätzen zwischen Rhein und Elbe/Saale im 11. Jahrhundert geht aus: Ernst Werner, Zwischen Canossa und Worms. Staat und Kirche 1077-1122, Berlin 1973, S. 39.

2 Hans Eberhardt, Erfurt als kirchliches Zentrum im Früh- und Hochmittelalter, in: Dreißig Beiträge zur thüringischen Kirchengeschichte. Fundamente = Thüringer kirchliche Studien V, Berlin 1987, S. 21.

3 Otto Dobenecker (Hg.), Regesta diplomatica necnon epistolaria historiae Thuringiae, Bd. 1, Jena 1896, Nr. 811.

4 Vor allem zur Überlieferung und Datierung, aber auch zum Inhalt vgl. Michael Gockel, Das Dienstrecht der Kölner Erzbischöfe aus dem thüringischen Saalfeld (mit Edition), in: Thüringische Forschungen. Festschrift für Hans Eberhardt zum 85. Geburtstag, hg. von Michael Gockel und Volker Wahl, Weimar-Köln-Wien 1993, S. 43-62.

5 Vgl. Eugenie Lecheler, Lampert von Hersfeld, in: Richard Engel und Ulrich Knefelkamp (Hg.), Weltbild und Fiktion. Mittelalterliche Geschichtsschreibung = Bamberger Schriften zur Kulturgeschichte, Reihe A: Weltbild und Kulturbegegnung, hg. von Ulrich Knefelkamp und Gerd Zimmermann, H. 2, Bamberg 1988, S. 140.

6 Vgl. Cronica Reinhardsbrunnensis, hg. von O. Holder-Egger, in: Monumenta Germaniae historica, Scriptores, XXX/l, Hannover 1896, S. 518.

7 Franz Xaver Wegele (Hg.), Annales Reinhardsbrunnenses = Thüringische Geschichtsquellen, Bd. 1, Jena 1854, S. 5 f.

8 Vgl. die Annalen Lamperts von Hersfeld ad annum 1069/1070, in: Lamperti monachi Hersfeldensis opera, hg. von O. Holder-Egger, in: Monumenta Germaniae historica, Scriptores 38, 1894, S. 106 ff.

9 Lampert von Hersfeld, Annalen. Wissenschaftliche Buchgesellschaft, Darmstadt 1957, S. 167, S. 175; Derselbe, Annalen, ad annum 1073, in: Ausgewählte Quellen zur deutschen Geschichte des Mittelalters = Freiherr vom Stein-Gedächtnisausgabe, Bd. 12, Berlin o. J., S. 174. Weiter vgl. Adolf Schmidt und Wolfgang Dietrich Fritz (Hg.), Lampert von Hersfeld: Annalen, 3. Darmstadt 1985.

10 Otto Dobenecker (Hg.), Regesta ... Thuringiae, Bd. 1, Nr. 875.

11 Ebenda, Nr. 820, 858, 886.

12 Lampert von Hersfeld, Annalen, ad annum 1069, S. 118.

13 Otto Dobenecker (Hg.), Regesta ... Thuringiae, Bd. 1, Nr. 878.

14 Lampert von Hersfeld, Annalen, ad annum 1070, S. 126.

15 Zum Carmen de bello Saxonico vgl. Franz-Josef Schmale und Irene Schmale-Ott (Hg.), Quellen zur Geschichte Kaiser Heinrichs IV.: Die Briefe Heinrichs IV., Das Lied vom Sachsenkrieg, Brunos Sachsenkrieg, Das Leben Kaiser Heinrichs IV., 3. Darmstadt 1974; Manfred Schluck, Die Vita Heinrici IV. Imperatoris. Ihre zeitgenössischen Quellen und ihr besonderes Verhältnis zum Carmen bello Saxonico, Sigmaringen 1979.

16 Otto Dobenecker (Hg.), Regesta ... Thuringiae, Bd. 1, Nr. 897.

17 Günther Franz, Geschichte des deutschen Bauernstandes vom frühen Mittelalter bis zum 19. Jahrhundert. Stuttgart 1970, S. 30.

18 Brunos Buch vom Sachsenkrieg, in: Quellen zur Geschichte Heinrichs IV. = Ausgewählte Quellen zur deutschen Geschichte des Mittelalters. Freiherr vom Stein-Gedächtnisausgabe, Bd. 12, Berlin o. J., S. 232 f.

19 Ernst Werner, Zwischen Canossa und Worms, S. 39. - Für die mittelalterliche Stadtgeschichte in Thüringen gab eine marxistische Interpretation auf breiter Quellen- und Literaturgrundlage: Werner Mägdefrau, Revolutionäre kommunale Bewegungen und spätmittelalterliche Bürgerkämpfe in den Städten des Thüringer Dreistädtebundes. Ein Beitrag zur Regionalgeschichte Thüringens und zur Entwicklung des feudalen deutschen Städtewesens. 5 Teile, Dissertation zur Erlangung des akademischen Grades eines Doktors der Wissenschaften, Jena 1971 (Masch.); Derselbe, Stadtentstehung und revolutionäre Kommunalbewegung aus regionaler Sicht, in: Zeitschrift für Geschichtswissenschaft (ZfG), Jg. 19, 1971/5, S. 627 - 647 (in kritischer Distanz zu Stadtgeschichtsdarstellungen von Walter Schlesinger und Hans Patze bei unzureichender Berücksichtigung des herrschaftlichen Anteils); Derselbe, Der Thüringer Städtebund im Mittelalter, Weimar 1977 (mit Betonung der städtischen Volksbewegungen und Sozialgeschichte).

20 Lampert von Hersfeld, Annalen, ad annum 1074, S. 232 und S. 234.

21 Brunos Buch vom Sachsenkrieg, S. 236.

22 Otto Dobenecker (Hg.), Regesta ... Thuringiae, Bd. 1, Nr. 909.

23 Carmen de bello Saxonico.

24 Lampert von Hersfeld, Annalen, ad annum 1075, S. 290 ff.

25 Ebenda, S. 292.

26 Ebenda, S. 238.

27 Brunos Buch vom Sachsenkrieg, neu bearb. von Hans-Eberhard Lohmann = Deutsches Mittelalter, Kritische Studientexte, Bd. 2, Leipzig 1937, S. 110.

28 Vgl. Matthias Werner, Die Gründungstradition des Erfurter Petersklosters = Vorträge und Forschungen, hg. vom Konstanzer Arbeitskreis für mittelalterliche Geschichte, Sigmaringen 1973; Franz Staab (Noch einmal zur Gründungstradition des Erfurter Petersklosters, in: Mitteilungen des Vereins für die Geschichte und Altertumskunde von Erfurt, 54. H., N.F. H. 1, 1993, S. 42) kommt unter anderem zu dem Ergebnis, daß *„die Wiederbegründung des Klosters auf dem Petersberg durch Erzbischof Siegfried I. auf einen Zeitpunkt um den 19. Dezember (4. Advent) 1059“* festzulegen sei. Weiter vgl. Johannes Kadenbach, Die Gründung des Erfurter Petersklosters im Jahre 1060. Zur Herrschaft der Mainzer Erzbischöfe im mittelalterlichen Erfurt, in: Aus der Vergangenheit der Stadt Erfurt, Neue Folge, H. 1, 1985, S. 71-86; Gerd Zimmermann, Wilhelm von Hirsau. Um 1030-1091, in: Ecclesia-Franconia-Heraldica, VIII.

29 Vgl. Urkundenbuch (UB) der Erfurter Stifter und Klöster, T.1-3, bearbeitet, von Alfred Overmann = Geschichtsquellen der Provinz Sachsen und des Freistaates Anhalt, N. R., Bd. 5, 7 und 16, Magdeburg 1926, 1929 und 1934; T. 1, Nr. 3.

30 Vgl. Eckart Henning, Genealogische und sphragistische Studien zur Herrschaftsbildung der Grafen von Henneberg im XI. und XII. Jahrhundert, in: Festschrift zum hundertjährigen Bestehen des Herold, hg. von K. Winckelsesser, 1969, S. 33-57; Heinrich Wagner, Entwurf einer Genealogie der Grafen von Henneberg, in: Jahrbuch 1996 des Hennebergisch-Fränkischen Geschichtsvereins=Wissenschaftliche Festschrift zum Jubiläum *„900 Jahre Henneberger Land 1096-1996“*, S. 33-152.

31 UB des Klosters Ilsenburg, bearb. v. E. Jacobs, Halle 1875, Bd. 1, S. 25, Nr. 20; Codex diplomaticus Anhaltinus, hg. von O. von Heinemann, Dessau 1867 ff., Bd. 1, S. 312, Nr. 425. - Weiter vgl. Gerhard Lingelbach und Heiner Lück (Hg.), Deutsches Recht zwischen Sachsenspiegel und Aufklärung. Rolf Lieberwirth zum 70. Geburtstag dargebracht von Schülern, Freunden und Kollegen = Rechtshistorische Reihe, Bd. 80, Frankfurt am Main - Bern - New York - Paris 1991.

32 UB der Erfurter Stifter und Klöster, T. 1, Nr. 5.

33 Vgl. UB der Stadt Erfurt, bearb. von Carl Beyer, T. 1 und T. 2 = Geschichtsquellen der Provinz Sachsen und angrenzender Gebiete, Bd. 23 und Bd. 24, Halle 1889 und 1897; T. 1, Nr. 12.

34 Otto Dobenecker (Hg.), Regesta ... Thuringiae, Bd. 1, Nr. 1022.
35 Ebenda, Nr. 1286.
36 Ebenda, Nr. 1098.
37 Bernhard Töpfer und Evamaria Engel, Vom staufischen Imperium zum Hausmachtkönigtum. Deutsche Geschichte vom Wormser Konkordat 1122 bis zur Doppelwahl von 1314, Weimar 1976, S. 23. Weiter vgl. UB des Hochstifts Naumburg. Bd. 1, hg. von F. Rosenfeld, Magdeburg 1925, Nr. 148, S. 128.
38 Gerhard Werner, Geschichte der Stadt Saalfeld, Bd. 1: 9. Jahrhundert bis 1603, Saalfeld 1995, S. 19.
39 Berthold Schmidt, Arnold von Quedlinburg und die ältesten Nachrichten zur Geschichte des Reußischen Hauses, Jena 1883, Anm. 29.
40 Otto Dobenecker (Hg.), Regesta ... Thuringiae, Bd. 1, Nr. 893.
41 Ebenda, Nr. 1432.
42 Ebenda, Nr. 985 b.
43 Ebenda, Nr. 1176.
44 Ebenda, Nr. 1348.
45 Ebenda, Nr. 1422.
46 Ebenda, Nr. 1098.
47 Ebenda, Nr. 1573.
48 Johannes Bühring, Geschichte der Stadt Arnstadt 704-1904, Arnstadt 1904, S. 41.
49 Otto Dobenecker (Hg.), Regesta ... Thuringiae, Bd. 1, Nr. 985 b. Zum Folgenden vgl. Johann Chr. A. Junghans, Geschichte der schwarzburgischen Regenten, Leipzig 1821; Jens Erichsen, Die Anfänge des Hauses Schwarzburg, Sondershausen 1909, S. 19 f.
50 Otto Dobenecker (Hg.), Regesta ... Thuringiae, Bd. 1, Nr. 997.
51 Ebenda, Nr. 1004 und Nr. 1098.
52 Vgl. Hans Patze, Die Entstehung der Landesherrschaft in Thüringen, 1. T. = Mitteldeutsche Forschungen, Bd. 22, Köln - Graz 1962, S. 18 f.
53 Otto Dobenecker (Hg.), Regesta ... Thuringiae, Bd. 1, Nr. 629.
54 Ebenda, Nr. 793.
55 Ebenda, Nr. 773.
56 Ebenda, Nr. 1130 und Nr. 1269
57 Vgl. Karl Lechner, Die Babenberger. Markgrafen und Herzöge von Österreich 976-1246, 4. Wien-Köln-Weimar 1992,S.40 ff. undö.
58 So neuerdings Heinrich Wagner, Herkunft und Frühzeit der Grafen von Henneberg, in: Jahrbuch 1991 des Hennebergisch-Fränkischen Geschichtsvereins, S. 23-38; Derselbe, Die popponische Linie des Hauses Henneberg, in: Jahrbuch 1992 des Hennebergisch-Fränkischen Geschichtsvereins, S. 95-126; Derselbe, Die Grafen von Henneberg. Ein Überblick, in: Frankenland. Zeitschrift für Fränkische Landeskunde und Kulturpflege, Doppelheft 7, 44. Jg., 1992, S. 214-221; Derselbe, Entwurf einer Genealogie der Grafen von Henneberg, S. 33-152.
59 Vgl. Gerold Meyer von Knonau (Bearb.), Jahrbücher des Deutschen Reiches unter Heinrich IV. und Heinrich V., 7 Bde, 1890-1909; Nachdruck Berlin 1964/1965, Bd. 3, S. 137 ff.
60 Harald Parigger, Das Würzburger Burggrafenamt, in: Mainfränkisches Jahrbuch für Geschichte und Kunst, Bd. 31, 1979, S. 931.
61 Darüber vgl. weiter Helmut Assing, Brandenburg, Anhalt und Thüringen im Mittelalter, Köln - Weimar - Wien 1997.
62 Über die Strittigkeit des Beinamens *„der Springer"* vgl. Kristine Glatzel, Merkwürdiges um die Neuenburg, Taucha 1997, S.12 ff.

Kapitel II
Begründung (1130/1131) durch König Lothar III. und Anfänge der Landgrafschaft Thüringen bis zum Tode des ersten Landgrafen Ludwig I. (1140)

Die salischen Kaiser Heinrich IV. und Heinrich V. hatten in der zweiten Hälfte des 11. Jahrhunderts und in den ersten Jahrzehnten des 12. Jahrhunderts den Versuch unternommen, im sächsisch-thüringischen Raum durch Landfriedenswahrung, Herrschafts- und Landesausbau mit Rodung und Siedlung, Lehen und Vogteien, Burgenbau und Einsatz von Ministerialen ein von der königlichen Reichsgewalt unmittelbar beherrschtes Gebiet zu schaffen. Unter Ausnutzung des Reichsgutes sollte im Harzgebiet und in Thüringen ein durch zahlreiche Burgen und Pfalzen gesichertes Königsterritorium entstehen, das die Entstehung und Konsolidierung der zahlreichen regionalen Adelsherrschaften unter Kontrolle und in Schranken halten und den Verlust an Krongut verhindern konnte. Diese Ziele hatte das salische Königtum jedoch nicht im angestrebten Maße erreichen können. Unter den ersten Salierkaisern Konrad II. und Heinrich III. war der Aufbau einer Königslandschaft im Harzumland mit Goslar als bedeutendste Reichspfalz in der ersten Hälfte des 11. Jahrhunderts zwar vorangekommen, aber eine Sicherung oder gar Erweiterung des Reichslandes und Krongutes in Thüringen und Sachsen blieben Heinrich IV. und Heinrich V. weithin versagt. Vielmehr waren Sachsen und Thüringen in der Salierzeit das Zentrum der Fürstenopposition im Reich schlechthin.

Auch in Thüringen vollzogen sich im 11. Jahrhundert tiefgreifende Veränderungen, Umbrüche und Wandlungen in Kirche, Staat und Gesellschaft, verschärft und beeinflußt durch den Investiturstreit zwischen Kaisertum und Papsttum. Im 11./12. Jahrhundert fanden die Territorialisierung der Herrschaft und das Städtewesen, Ministerialität und Rittertum, Grafschaften und zahlreiche Kleinherrschaften des Adels ihre Begründungen, Kirchen-, Ordens- und Klosterreformen neue Ausgangspunkte. Die Umgestaltung der feudalen Grundherrschaften unter dem Einfluß des wirtschaftlich-sozialen Umbruchs und insbesondere der entstehenden Städte sowie die hochmittelalterliche Rodungs- und Siedlungswelle nahmen ihren Anfang. Volksbewegungen sowie das Fortbestehen und Wiedererstarken des thüringischen Traditionsbewußtseins wirkten auf den Geschichtsverlauf ein. Landesherrschaften nahmen im 12./13. Jahrhundert ihren Anfang und Aufstieg. Mit der Begründung der Landgrafschaft Thüringen 1130/1131 durch König Lothar III. hatte Thüringen Anteil an dem politischen, verfassungsgeschichtlichen Umbildungsprozeß des deutschen Königreiches, den die Hohenstaufen im 12. Jahrhundert fortsetzten: an der Ablösung der alten Stammesherzogtümer durch neuere Territorialherrschaften. Auch die Landgrafschaft Thüringen entwickelte sich zu einer Gebietsherrschaft, ohne daß Thüringen den Status und Titel eines Herzogtums wiedererlangte.

Aus den Kämpfen des Investiturstreites ging das salische Königtum auch in Thüringen politisch-territorial geschwächt hervor. Dagegen gingen die Erzbischöfe von Mainz als mächtigste kirchenpolitische Kraft in Thüringen daraus gestärkt hervor, wie sie überhaupt im Zuge des kirchlichen Reform- und Erneuerungsgeschehens seitdem einen weiteren großen Aufstieg nahmen. Die Mainzer Erzbischöfe bauten in Thüringen neben anderen Bistümern die bedeutendste geistliche Landesherrschaft mit dem Mittelpunkt Erfurt auf, während in den Jahrzehnten um 1100 neben den Grafen von Henneberg, Käfernburg-Schwarzburg etc. sowie den Vögten von Weida, die späteren Landgrafen aus der Dynastie der Ludowinger die bedeutendste weltliche Herrschaft in Thüringen fest begründeten. Um 1200 waren die Ludowinger Landgrafen von Thüringen und die Wettiner Markgrafen von Meißen die bedeutendsten Landesherren in Mitteldeutschland.

König Lothar III. von Supplinburg (1125 bis 1137) leitete eine neue Periode in der Geschichte Thüringens ein.

Mit der Krone und den Reichsgütern übernahm König Lothar von den Saliern auch die Reichsministerialen in Thüringen. Über deren Anzahl ist nichts bekannt, aber in Einzelfällen treten sie in der Überlieferung des 12. Jahrhunderts namentlich allmählich hervor. Als erster Ministeriale aus der Südharzer Krongutlandschaft wird ein Konrad Bärenhaupt als Zeuge in einer Urkunde genannt, die 1128 beim Hoftag in Worms ausgestellt wurde. Dieser findet 1134 in einem Diplom wiederholte Erwähnung, das der Supplinburger in der Pfalz Allstedt ausfertigen ließ. Neben Konrad Bärenhaupt werden unter den Zeugen außerdem genannt: Konrad von Wallhausen, Volrad von Röblingen bei Sangerhausen und drei weitere Ministeriale ohne Herkunftsangabe namens Gosbrethus, Hildebodus, Thiedericus. Auch in einer Urkunde König Lothars III. für die Zisterzienserabtei Walkenried am Südharz in der Nähe der späteren Reichsstadt Nordhausen wird 1132 von *„ministeriales regni nostri“* gesprochen, allerdings ohne Namen oder Dienstsitz. Die Ministerialen von Wallhausen und Röblingen unter anderem besetzten die östliche Randzone des Krongutes am Südharz. Wallhausen war einer der wichtigsten Pfalzorte dieses Gebietes. Unter den Stauferkaisern trat die Reichsministerialität am Südharz in den Quellen stärker in Erscheinung. Lotharische Reichsministeriale hatten ihren Dienstsitz zweifellos auch auf der Reichsburg Kyffhausen und in der Pfalz Allstedt.

Aus anderen Teillandschaften Thüringens ist über Reichsministeriale während der Regierungszeit König Lothars III. nichts Näheres bekannt. Dennoch müssen schon in vorstaufischer Zeit Reichsministeriale in andere Gebiete Thüringens und insbesondere in die östlichen Ausbaugebiete vorgedrungen sein. So erschien der lotharische Dienstmann Erkenbert von Weida als Zeuge in einer Urkunde des Jahres 1122, die der Bischof von Naumburg im Namen König Heinrichs V. für die in Plauen (Vogtland) erbaute Kirche ausstellte. 1143 trat der erwähnte Erkenbert von Weida wiederum als Urkundenzeuge auf. Offenbar erstreckte sich sein Tätigkeits- und Wirkungsgebiet damals bereits auf den Raum östlich der Saale.[1]

Am deutlichsten traten die Reichsministerialen zuerst am Südharz in der Regierungszeit König Lothars III. und noch klarer in der Stauferzeit namentlich hervor, wo sie in den dortigen Pfalzen und Burgen seit dem 11. Jahrhundert die in Thüringen stärkste königliche Dienstmannschaft bildeten und das Reichsgut verwalten und sichern sollten.

Außerdem ist durchaus denkbar, daß König Lothar III. nicht nur die Landgrafschaft Thüringen begründete, sondern darüber hinaus für den Harz und seine Randgebiete eine Grafschaftsreform durchführte.[2] Jedenfalls stiegen in diesem Raum mehrere neue Adelsfamilien, die an der Wende vom 11. zum 12. Jahrhundert zur Herrschaftsbildung gelangten, seit der ersten Hälfte des 12. Jahrhunderts zu Grafendynastien auf, zum Beispiel die Grafschaften und Grafen von Scharzfeld, Rothenburg und Ilfeld-Honstein.

Entscheidend geprägt wurde die Südharz-Landschaft in der ersten Hälfte des 12. Jahrhunderts durch Reichsgut, dessen Entstehung bis in die Karolingerzeit zurückreichte. Die Hauptorte dieser Krongutlandschaft waren Nordhausen und sein Umland im westlichen Teil, im östlichen Teil Wallhausen, Tilleda und Kyffhausen mit ihrem Zubehör und ihren Reichsministerialen. Diese verwalteten das Altsiedelland wie das Ausbaugebiet der Südharzforsten, die Landschaft um Nordhausen mit dem Hauptteil der Goldenen Aue, das östlich anschließende Helmegebiet mit den beherrschenden Orten Wallhausen, Allstedt und Kyffhausen.

In der Randzone der alten Königslandschaft setzte wohl Lothar III. Grafen über Besitzungen und Rechte des Reiches ein, er erteilte ihnen Krongut und Forstgerechtsame. Die Grafen von Klettenberg dürften ihre Besitzungen und Rechte im Vorland des Harzes in einer späteren Zeit erhalten haben.

Auch auf das Reichsgut um Mühlhausen richtete König Lothar seine Aufmerksamkeit. Darauf weisen hin: seine Aufenthalte in Mühlhausen, unter anderem 1132 und 1135, und seine Förderung der Blasiusstadt, die lotharischen Ministerialen in Mühlhausen und Umgebung, seine Verfügung über das Zisterzienserkloster Volkenroda und die Reform des Klosters Homburg.

Einen weiteren Schwerpunkt lotharischer Politik in Thüringen bildete Ostthüringen, insbesondere die *„terra Blisnensis"*, das Pleißenland. Dessen Mittelpunkt Altenburg erscheint unter König Lothar III. wieder in engerer Beziehung zur Krone; außerdem fielen Mitte der 30er Jahre des 12. Jahrhunderts Teile des Groitzscher Erbes an die Krone, darunter auch die Benediktinerabtei Bürgel bei Jena. Damit waren östlich der Saale weitere kolonisatorische Vorstöße und Maßnahmen bezüglich des Landesausbaus verbunden, der die Förderung der Marktsiedlung Altenburg einschloß. Für König Lothar III. waren Thüringen, das Pleißen- und Vogtland wie das Osterland überhaupt außerordentlich wichtig im Hinblick auf seine Reichs- und Ostpolitik. Den Auftakt seiner diesbezüglichen Aktivitäten bildeten die Bestätigung der wettinischen Herrschaft gleich zu Beginn seiner Regierungszeit durch Übertragung der Mark Meißen an Konrad von Wettin 1125, ein Heereszug nach Böhmen 1126 und insbesondere ein Hoftag 1132 *„in palatio"* Altenburg.[3]

Otto, aus edelfreier schwäbischer Familie, war seit 1103 Bischof in Bamberg. Auf dem Wege nach Pommern - auf einer Missionsreise - feierte Bischof Otto von Bamberg, der *„Apostel der Pommern"*, mit seinem Gefolge im Jahre 1128 in der Reichsburg Kirchberg und ihrer Kapelle das Osterfest. Auch innerhalb der romanischen Lobdeburg oberhalb des benachbarten Ortes Lobeda befand sich eine Kapelle. Seine Reiseroute führte den Bischof - in Wahrnehmung der Osterfeierlichkeiten - durch Ostthüringen über die Bamberger Besitzungen Greiz sowie über Kirchberg bei Jena nach Reinsdorf, dem neuen Bamberger Eigenkloster südlich von Querfurt, wo der Bischof die Kirche St. Johannes weihte. Die benachbarten Güter seiner Kirche, Mücheln südwestlich von Merseburg und Scheidungen zwischen Naumburg und Querfurt, wurden zur Versorgung des Missionszuges herangezogen. In Merseburg kam es wahrscheinlich zu einer Begegnung mit König Lothar, der dort Hoftag hielt. Über Halle, Magdeburg und Havelberg ging es dann weiter ins Slawenland.[4]

Am 5. April 1130 ließ König Lothar in der *„Runden Kapelle des Heiligen Andreas zu Bamberg“* beurkunden, daß in dem Orte Staffelstein ein Markt eingerichtet werden solle; er, der König, übereigne diesen Markt der Kongregation des Heiligen Georg, dem Bamberger Domkapitel.[5] Der 5. April 1130 war der Samstag nach dem Osterfest, das der König in Bamberg begangen hatte. Der Beurkundung wohnten seine Gemahlin, Königin Richeza, einige sächsische und thüringische Große, Hofgeistliche und andere bei. Der König bestimmte in dieser Urkunde für alle Zeiten, daß in Staffelstein ein Markt errichtet und abgehalten werde, der dem Kapitel gehören und dienlich sein sollte. Dieser Markt sollte von herzoglicher, gräflicher und anderer richterlicher Gewalt frei und allein den St. Georgsbrüdern unterstellt sein; nur sie sollten im Besitz des Bannes, der Zölle und anderer Einkünfte des Marktrechtes bleiben. Alle Händler, Verkäufer und Käufer, die den dortigen Markt besuchen würden, sollten sich eines sicheren und dauerhaften Marktfriedens erfreuen können. Laut Zeugenliste waren auch der Pfalzgraf Otto von Wittelsbach, der Sohn Heinrich des Markgrafen Wiprecht von Groitzsch sowie der Sohn des Grafen Ludwig von Thüringen anwesend. Somit ist das Staffelsteiner Marktprivileg von 1130 nicht nur ein Zeugnis für das enge Verhältnis der Ludowinger zu König Lothar, sondern auch eine Quelle für den Einfluß des fränkischen Markt- und Stadtrechts auf Thüringen.

Hermann II. von Winzenburg, einer der mächtigsten Grafen im sächsisch-thüringischen Grenzraum, war 1129 für das Landgrafenamt in Thüringen seitens des Königs vorgesehen. Doch mußte er 1130 geächtet werden[6], weil er den Grafen Burchard von Lokkum durch Ministeriale hatte ermorden lassen. Seine Güter wurden durch Fürstenurteil eingezogen, wodurch er nicht nur seine Lehen, sondern auch seinen Eigenbesitz einbüßte. Sein Stammsitz, auf den er sich geflüchtet hatte, wurde auf Veranlassung des Königs belagert und der Graf gefangengenommen. Die Winzenburg, ein Hildesheimer Lehen, ließ der König schleifen. Eine völlige Entmachtung Hermanns scheint jedoch nicht erfolgt zu sein. Noch im Jahre 1130 erschien er in einer Urkunde des Mainzer Erzbischofs, und drei Jahre später trat er wiederum als Zeuge auf.[7] Unter König Konrad III. gewann er Ansehen und Stellung zurück, jedoch nicht die Landgrafschaft Thüringen. Die wiedererrichtete Winzenburg verblieb bei Hildesheim und wurde mit bischöflichen Ministerialen besetzt. König Lothar III. aber übertrug das Hermann von Winzenburg ursprünglich zugedachte Amt eines Landgrafen von Thüringen im Jahre 1130 den Ludowingern. Damit konnte der König in einer Region, in der die regionalen Kräfte inzwischen weiter erstarkt waren, eine ständige mittelbare Kontrolle seitens der Reichsgewalt über die Adelsherrschaften und die Vorgänge in Thüringen gewinnen; dabei stützte er sich auf seine bewährten Anhänger aus der Zeit der Kämpfe gegen das salische Königtum.

In den Fehden, Adels- und Bauernaufständen der Salierzeit hatte Ludwig der Springer - ganz sicher seit den 80er Jahren des 11. Jahrhunderts - in den Reihen der antiköniglichen Opposition gestanden, die sich gegen die Burgen- und Territorialpolitik Heinrichs IV. und Heinrichs V. in Sachsen und Thüringen wandte. Nach seinem Tode im Jahre 1123 teilten sich seine Söhne die Herrschaft so, daß Ludwig in Thüringen und Heinrich Raspe in Hessen herrschten; Udo wurde 1125 Bischof von Naumburg. Sowohl Ludwig als auch Heinrich Raspe heirateten vor 1122 bzw. 1122 in die Familie des hessischen Grafen Giso IV. ein, wodurch sie in den Besitz von Gebieten um Marburg sowie zwischen Fritzlar und Kassel gelangten; sie brachten einen Teil der gisonischen Herrschaft in Hessen in ihre Hand, namentlich in Niederhessen die Gudensburg und deren Zubehör sowie die Vogteien der Klöster Fritzlar, Breitenau und Hasungen. Als Heinrich Raspe 1130 ermordet wurde, ging die gesamte ludowingische Herrschaft auf seinen Bruder Ludwig über.[8]

Der Sachse Lothar von Supplinburg war auch als König Lothar III. den alten Anhängern der Salier, zu denen die Grafen von Henneberg zählten, nicht sonderlich freundschaftlich gesonnen, was sich unter anderem in Streitigkeiten um die Besetzung des Würzburger Bischofsstuhls zeigte. Die Doppelwahl von 1122 bedeutete in der Geschichte Würzburgs und darüber hinaus eine Zäsur. Gebhard von Henneberg, Sohn des Würzburger Burggrafen Godebold II. (gest. 1144) und Großneffe des 1078 in der Schlacht bei Mellrichstadt gefallenen Poppo I., wurde von einem Teil des Domkapitels mit Unterstützung Kaiser Heinrichs V. wohl im Februar 1122 zum Würzburger Bischof gewählt. Die Gegenpartei wählte im Juni/Juli 1122 ihren Kandidaten: Rugger, Domherr und Propst des Stiftes Neumünster (gest. 1125). Es folgten erbitterte Kämpfe. Letztlich scheiterte Gebhard am Einspruch von Papst Honorius II. Gebhard von Henneberg war der letzte Bischof im Reich, der in herkömmlicher Art und Weise vom König bzw. Kaiser investiert wurde, und zwar zu einem Zeitpunkt, als gerade die Investitur der Hauptstreitpunkt der Verhandlungen war, die zum Wormser Konkordat führten. Gebhard von Henneberg traf im März 1126 die päpstliche Exkommunikation und die Absetzung durch König Lothar. Es folgten Neuwahl und Investitur des Nachfolgers Embricho. Bevor der gebildete Embricho, der möglicherweise einem rheinfränkischen Adelsgeschlecht entstammte, Bischof von Würzburg (1127 bis 1146) wurde, hatte ihn seine kirchliche Laufbahn mit Förderung durch Erzbischof Adalbert von Mainz ab ca. 1118 über Erfurt geführt, wo er als Propst des Marienstifts und Archidiakon zeitweilig tätig war; Ende 1125 hatte er die Funktion des Leiters der Reichskanzlei übernommen. Embricho stand offenbar in einem engen Vertrauensverhältnis zu König Lothar III., der den neu erhobenen Bischof zu Weihnachten 1127 in Würzburg mit den Regalien investierte. Sehr viel später und als gereifter Kirchenmann wurde Gebhard von Henneberg unter veränderten, für das Haus Henneberg günstigeren Bedingungen im Jahre 1150 nochmals zum Bischof von Würzburg erhoben. Die Würzburger Diözese reichte bis in die Nordhänge der Rhön und zwischen Werra und Fulda bis über den Seulingswald, während Vacha im Verband des Archidiakonats Dorla zum Erzbistum Mainz gehörte und Sitz einer Sedes war. Im Vachaer Raum verlief nicht nur die Grenze zwischen Thüringen und Hessen, sondern auch die Grenze zwischen den Bistümern Würzburg und Mainz.

Die härtesten Rivalen in Thüringen hatte König Lothar in den Erzbischöfen von Mainz und ihrer Territorialpolitik, seine treuesten Anhänger in den Ludowingern, die er zu Landgrafen von Thüringen erhob. Der Einfluß des Königtums auf Thüringen und seinen Zentralort Erfurt blieb auch im 12. Jahrhundert stark.

Das Bestreben, die vielfältigen Herrschaftsrechte des Adels in Thüringen einzuordnen und an das Königtum zu binden, fand in der Begründung der Landgrafschaft Thüringen unter den Ludowingern durch König Lothar III. 1130/1131 seinen entscheidenden, bestimmenden Ausdruck. Die Wartburg war inzwischen zum Hauptherrschaftssitz der Ludowinger, die mit der Übertragung der Landgrafenwürde im hochmittelalterlichen Thüringen zur führenden Adelsdynastie aufstiegen, erhoben worden. Das Amt des Landgrafen von Thüringen wurde im Rahmen einer Grafschaftsreform geschaffen. Es stand im Zusammenhang mit der von König Lothar III. betriebenen erneuerten Politik der Stärkung der Positionen der Reichsgewalt in Thüringen, zu deren Grundlagen die Reichsministerialen, die Reichsabteien und Reichsstädte, das Krongut und die Verleihung wichtiger Ämter an königstreue edelfreie Geschlechter gehörten. Offenbar benötigte Thüringen dringend wieder ein eigenes regionales Machtzentrum, das zugleich Ordnung und Landfrieden, Stabilität und Königstreue durchsetzen und garantieren konnte.

Als König Lothar III. in die thüringischen Verhältnisse eingriff und die Landgrafschaft Thüringen schuf, verfolgte er das Ziel, Herrschaft und Landfrieden zu stabilisieren. Er wollte die Macht der Grafen zugunsten der Krone in Schranken und den mittleren und niederen Adel im Zaume halten; er war bestrebt, das Reichsgut in Thüringen zu sichern und zu mehren, weitere Konflikte wie den Thüringer Zehntstreit, den sächsisch-thüringischen Adels- und Bauernaufstand (1073 bis 1075), die Erhebungen gegen König Heinrich IV. und König Heinrich V., die Bauernunruhen in Mittelthüringen 1123 zu verhindern; ketzerische Katharer ließ er nicht nur in Böhmen und im Elsaß, sondern auch in Thüringen verfolgen. Die Belehnung des Grafen Hermann von Winzenburg mit dem Landgrafenamt in Thüringen (1129) erwies sich, wie bereits festgestellt wurde, als Fehlschlag: Hermann mußte bereits 1130 wegen eines Landfriedensbruchs wieder abgesetzt werden, ohne das landgräfliche Amt über Thüringen ausgeübt zu haben. Um so bedeutsamer wurde die Begründung der Thüringer Landgrafschaft der Ludowinger, mit deren Wahrnehmung König Lothar 1130 den Sohn Ludwig des Springers, der ebenfalls den Namen Ludwig trug, beauftragte; die offizielle Belehnung mit der Landgrafschaft Thüringen soll auf dem Reichstag zu Goslar im Februar 1131 erfolgt sein.

Die Landgrafenwürde war eine im Reich bisher unbekannte, neu geschaffene Rangstufe oberhalb des gewohnten Grafentums, jedoch ohne Herzogstitel. Aber der Landgraf war den Herzögen ranggleich; er war nur vom König abhängig, von höchstrichterlichem Rang und reichsfürstlicher Autorität. Der *„lantgravius de Thuringia"* hatte den Vorsitz des obersten Landgerichts Mittelhausen bei Erfurt inne. Vertreter thüringischer Adelsgeschlechter traten als Schöffen, Beisitzer oder Zeugen im landgräflichen Gericht Mittelhausen auf. Selbst Grafen mußten vor dem Landgericht erscheinen und sich dem Urteilsspruch des Landgrafen und seines Gerichts, unter anderem in Streitfragen um den Landfrieden und um Lehen, beugen. Die Verleihung der Landgrafenwürde an die Ludowinger hob dieses Grafengeschlecht aus den übrigen thüringischen Grafen- und Adelsgeschlechtern heraus; sie gab ihnen die rechtlichen Möglichkeiten, im Dienste des Reiches zugleich die eigene Machtfülle zu vermehren, die politische Integration Thüringens voranzubringen.

Mit der Begründung der Landgrafschaft Thüringen bot sich die Chance für eine erneute politische Zusammenfassung unter einer starken regionalen Führungsmacht.

Die Ludowinger richteten ihre Anstrengungen auf die Wahrnehmung ihrer Aufgaben als Thüringer Landgrafen, und in Verbindung damit verwirklichten sie die Erweiterung, den Ausbau und die Festigung ihrer Herrschaft in Thüringen. Aber bereits der erste Landgraf, Ludwig I. (1130 bis 1140), wies darüber hinaus. Er hatte schon vor 1130 Hedwig von Gudensberg, Tochter des Grafen Giso IV., geheiratet; er verankerte seine Herrschaft in Hessen. Infolgedessen konnten die Ludowinger 1122 einen Teil und 1137 das gesamte Erbe der an der oberen Lahn nördlich von Marburg ansässigen Gisonen erwerben. Hauptort der reichen Besitzungen in Hessen wurde unter den Ludowingern künftig Marburg. Damit übernahm Ludwig I. auch die Grafschaft Hessen im alten Hessengau um den Mittelpunkt Gudensberg und mit Kassel, sowie mehrere Klostervogteien, unter anderem über das mainzische Stift Fritzlar und die Reichsabtei Hersfeld. Die Wartburg, anfangs der westliche Hauptstützpunkt der Ludowinger, wurde nun als Mittelpunkt eines großen Machtbereiches, der sich über Hessen und Thüringen ausdehnte, von um so größerer Bedeutung.[9] Nach dem Tode König Lothars wie Erzbischof Adalberts von Mainz im Jahre 1137 und der Königskrönung Konrads III. vollzog Landgraf Ludwig I., unterstützt von seinem Bruder, dem Bischof Udo von Naumburg, den Übergang ins staufische Lager.

Für Thüringen bedeutete die Landgrafschaft die Gewinnung einer eigenen, vom Königtum legitimierten regionalen Führungsspitze. Thüringen hatte wieder zu einer politischen Identität gefunden, die das Landesbewußtsein stärkte. Es konnte an eigene politische Traditionen anknüpfen, die mit dem Thüringer Königreich der Völkerwanderungszeit ebenso wie mit dem Herzogtum Thüringen der Karolingerzeit und der Kodifizierung des Volksrechts der Thüringer, der *„Lex Angliorum et Werinorum hoc est Thuringorum"*, zu Beginn des 9. Jahrhunderts (802) verbunden waren.

1130/1131 vollzog sich einer der bedeutendsten Vorgänge in der mittelalterlichen Geschichte Thüringens. Die Thüringer Landgrafen aus ludowingischem Hause repräsentierten für etwas mehr als ein Jahrhundert Aufschwung und Blüte von Wirtschaft, Politik und Kultur Thüringens im hohen Mittelalter; sie waren von 1130 bis 1247 die Hauptvertreter des Landes Thüringen in der deutschen und europäischen Geschichte.

In Thüringen hatte im 12./13. Jahrhundert das territorialstaatlich-föderalistische Prinzip bei weltlichen und geistlichen Landesherrschaften feste Wurzeln geschlagen, ohne daß damit das Ringen zwischen Reichsgewalt und Fürsten um die politisch-staatliche Ordnung des römisch-deutschen Reiches im Mittelalter schon seinen Abschluß gefunden hatte.
Nach wechselvoller Geschichte ging aus der Wende 1989 die Neubildung des Landes Thüringen am 14. Oktober 1990 mit Erfurt als Landeshauptstadt im wiedervereinigten Deutschland hervor. Die Fundamente und Quellen ihrer eigenen Identität und ihres Landesbewußtseins finden die Thüringer heute zu einem guten Teil in der traditionsreichen Geschichte und Kulturgeschichte Thüringens im Mittelalter und ihren regionalen Besonderheiten. Damit verbindet sich die historisch gewachsene Zusammengehörigkeit mit den anderen deutschen Ländern und Regionen ebenso wie die Zugehörigkeit zum europäischen Kulturkreis und zur Weltkultur.

Anmerkungen zu Kapitel II

1 Regesta diplomatica necnon epistolaria historiae Thuringiae, hg. von Otto Dobenecker, Jena, Bd. 1, 1896, Nr. 1170, S. 245 ff.

2 Zur wissenschaftlichen Diskussion dieser Frage vgl. Elmar Wadle, Reichsgut und Königsherrschaft unter Lothar III. (1125 - 1137). Ein Beitrag zur Verfassungsgeschichte des 12. Jahrhunderts = Schriften zur Verfassungsgeschichte, Bd. 12, Berlin 1969, S. 217 ff.

3 Dietrich Schäfer, Lothars III. Heereszug nach Böhmen 1126, in: Historische Aufsätze, Karl Zeumer zum 60. Geburtstag als Festgabe, Weimar 1910, S. 61-80.

4 Otto Meyer, unter Mitarbeit von Elisabeth Roth und Klaus Guth, Oberfranken im Hochmittelalter. Politik - Kultur - Gesellschaft, Bayreuth 1987, S. 72.

5 Gerd Zimmermann, Das Marktprivileg von 1130 im Rahmen der Staffelsteiner Geschichte, in: Ecclesia-Franconia-Heraldica. Gesammelte Abhandlungen, hg. zum 65. Geburtstag von Reinhold Jandesek und Ulrich Knefelkamp, Bamberg 1989, XXII, S. 1 ff.

6 Vgl. Hans Patze, Die Entstehung der Landesherrschaft in Thüringen, T. 1, Graz 1962, S. 582 ff.

7 Mainzer Urkundenbuch, Bd. 1, bearb. von Manfred Stimmig, Darmstadt 1932, Nr. 570, S. 486 ff.

8 Die Frage nach der Bedeutung der Landgrafschaft Thüringen für den Gebietsteil Hessen und dessen Entwicklung wird in unserem Rahmen ausführlicher nicht behandelt.

9 Zu strittigen Forschungsfragen vgl. Helmut Assing, Der Aufstieg der Ludowinger in Thüringen, Eisenach 1993.

Quellen- und Literaturverzeichnis (Auswahl)

1. Bibliographien, Forschungs- und Literaturberichte

Bergmann, Gerd: Eisenacher Geschichtsschreibung zur Geschichte der Stadt und des Landes Thüringen, in: Blätter des Vereins für Thüringische Geschichte e. V., 2. Jg., 1992, H. 1, S. 7 - 11.

Bibliographie zur thüringischen Geschichte. Unter Mitwirkung von Helga Hammerstein, Margarete Roßner und Winfried Leist; bearb. von Hans Patze = Mitteldeutsche Forschungen, Bd. 32/I und Bd. 32/II, Köln - Graz 1965 und 1966.

Bibliographie des Mitteldeutschen Kulturrates 1955-1995, zusammengestellt und hg. im Auftrag der Stiftung Mitteldeutscher Kulturrat Bonn von Hermann Heckmann, Weimar - Köln - Wien 1995.

Dobenecker, Otto: Die Bedeutung der thüringischen Geschichte und der Stand ihrer Erforschung, in: Zeitschrift des Vereins für Thüringische Geschichte und Altertumskunde, Bd. 13, 1886/1887, S. 155 - 178.

Flach, Willy: Entwicklung, Stand und Aufgaben der landesgeschichtlichen Forschung in Thüringen, in: Blätter für deutsche Landesgeschichte, 92. Jg., 1956, S. 90 - 141.

Forschungen zur Geschichte Thüringens 1945-1965 (Literaturbericht). Verfaßt von einem Autorenkollektiv unter Leitung von Werner Mägdefrau = Wissenschaftliche Zeitschrift der Friedrich-Schiller-Universität Jena, Jg. 16, 1967, H. 2/3.

Helbig, Herbert: Burgen und älteres Städtewesen in Mitteldeutschland (Forschungsbericht), in: Jahrbuch für Geschichte Mittel- und Ostdeutschlands, Bd. 4, 1955, S. 225 - 245.

Henning, Eckart und Gabriele Jochums: Bibliographie zur hennebergischen Geschichte = Mitteldeutsche Forschungen, Bd. 80, Köln -Wien 1976.

Honemann, Volker: Johannes Rothe und seine *„Thüringische Weltchronik"*, in: Geschichtsschreibung und Geschichtsbewußtsein im späten Mittelalter, hg. von Hans Patze, Sigmaringen 1987, S. 497-522.

John, Jürgen: Gedanken über künftige Forschungen zur Geschichte Thüringens, in: Jahrbuch für Regionalgeschichte und Landeskunde, Bd. 17/II, 1990, Weimar 1992, S. 21 - 49.

Keyser, Erich: Erforschung und Darstellung der deutschen Städtegeschichte 1945 - 1965, in: Beiträge zur Wirtschafts- und Stadtgeschichte. Festschrift für Hektor Ammann, Wiesbaden 1965, S. 1 - 28.

Marwinski, Konrad: Aus der Geschichte des Vereins für thüringische Geschichte und Altertumskunde, in: Blätter des Vereins für thüringische Geschichte e. V., 1. Jg., 1991, 1, S. 6 - 16.

Derselbe: Der Beitrag des Vereins für Thüringische Geschichte und Altertumskunde zur thüringischen Landesgeschichtsforschung, in: Zeitschrift des Vereins für Thüringische Geschichte e. V., Bd. 46, 1992, S. 11 - 52.

Möbius, Helga: Bibliographie zur thüringischen Kunstgeschichte = Akademie der Wissenschaften der DDR. Schriften zur Kunstgeschichte, Bd. 16, Berlin 1974.

Patze, Hans: Landesgeschichtsschreibung in Thüringen, in: Hans Patze und Walter Schlesinger (Hg.), Geschichte Thüringens, Bd. 1 = Mitteldeutsche Forschungen, Bd. 48/I, Köln und Graz 1968, S. 1 - 47.

Thüringen-Bibliographie, 1961/1963 ff., hg. von den Nationalen Forschungs- und Gedenkstätten der klassischen deutschen Literatur in Weimar, Weimar 1972 ff.; weitergeführt seit 1983 von der Universitäts- und Landesbibliothek Jena.

Wiegand, Günther: Bibliographie des Eichsfeldes, T. III (Berichtszeitraum 1933-1978), Kiel 1980.

Wollmann, Gertraud und Helmut Roob: Bibliographie zur thüringischen Siedlungskunde, Gotha 1967.

Wölfing, Günther: Bibliographie der Urkunden-Drucke für das Gebiet der Grafschaft Henneberg bis 1550,in: Jahrbuch 1993 des Hennebergisch-Fränkischen Geschichtsvereins S. 189-220.

Zeitschrift des Vereins für Thüringische Geschichte e. V., 1992 ff.

Mitteilungen des Vereins für die Geschichte und Altertumskunde von Erfurt e. V ., 1993 ff.

Jahrbuch 1991 des Hennebergisch-Fränkischen Geschichtsvereins e. V. ff.

Weitere ältere und neuere Publikationsorgane zur Landeskunde, Landes- und Regionalgeschichte Thüringens wie territorial übergreifende Publikationen mit laufenden Bibliographien, Forschungs- und Literaturberichten.

2. Quellen

Alberti, Julius (Hg.): Urkundensammlung zur Geschichte der Herrschaft Gera im Mittelalter, Gera 1881.

Altenburger Urkundenbuch, 976-1350, bearb. von Hans Patze = Veröffentlichungen der Thüringischen Historischen Kommission, Bd. 5, Jena 1955.

Annales Reinhardsbrunnenses, hg. von Franz Xaver Wegele = Thüringische Geschichtsquellen, Bd. 1, Jena 1854.

Brunos Buch vom Sachsenkrieg, neu bearb. von Hans-Eberhard Lohmann = Deutsches Mittelalter. Kritische Studientexte, Bd. 2, Leipzig 1937.

Brunos Buch vom Sachsenkrieg, in: Quellen zur Geschichte Heinrichs IV. = Ausgewählte Quellen zur deutschen Geschichte des Mittelalters.

Freiherr vom Stein-Gedächtnisausgabe, Bd. 12, Berlin o. J.

Chronik des St. Petersklosters zu Erfurt (Chronicon Sampetrinum), hg. von Bruno Stübel = Erfurter Denkmäler, Abt. I, hg. von dem Thüringisch-Sächsischen Altertumsvereine zu Halle = Geschichtsquellen der Provinz Sachsen und angrenzender Gebiete, Bd. 1, Halle 1870, S. 1-194.

Cronica Reinhardsbrunnensis, hg. von Oswald Holder-Egger, in: Monumenta Germaniae historica, Scriptores, Bd. XXX, T. 1, Hannover 1896, S. 490-656.

Die Reinhardsbrunner Fälschungen aus dem Thüringischen Staatsarchiv Gotha, hg. von Walter Schmidt-Ewald und Friedrich Schneider = Veröffentlichungen aus dem Thüringischen Staatsarchiv Greiz, H. 8, 1926.

Feldkamm, Jakob: Geschichte und Urkundenbuch der St. Laurentii-Pfarrkirche in Erfurt, Paderborn 1899.

Flach, Willy: Die Urkunden der Vögte von Weida, Gera und Plauen bis zur Mitte des 14. Jahrhunderts. Eine diplomatisch-historische Untersuchung, Greiz 1930.

Hennebergisches Urkundenbuch, hg. von Georg Brückner, 3.-7. T., Meiningen 1857-1877.

Holder-Egger, Oswald: Studien zu thüringischen Geschichtsquellen, in: Neues Archiv der Gesellschaft für ältere deutsche Geschichtskunde, Bd. 21, 1896, S. 235-297, S. 441-546, S. 685-735.

Derselbe: Aus Handschriften des Erfurter Petersklosters, in: Neues Archiv der Gesellschaft für ältere deutsche Geschichtskunde, Bd. 22, 1897, H. 2, S. 501-541.

Lamperti monachi Hersfeldensis opera, hg.von Oswald Holder-Egger = Monumenta Germaniae historica, Scriptores, Bd. 38, Hannover und Leipzig 1894.

Lampert von Hersfeld: Annalen, hg. von Adolf Schmidt und Wolfgang Dietrich Fritz, 3. Auflage, Darmstadt 1985.

Lampert von Hersfeld: Annalen, in: Ausgewählte Quellen zur deutschen Geschichte des Mittelalters = Freiherr vom Stein-Gedächtnisausgabe, Bd. 12, Berlin o. J.

Mainzer Urkundenbuch, Bd. 1, bearb. von Manfred Stimmig, hg. mit Unterstützung der Stadt Mainz = Arbeiten der Historischen Kommission für den Volksstaat Hessen, Bd. 1, Darmstadt 1932.

Meyer von Knonau, Gerold (Bearb.): Jahrbücher des Deutschen Reiches unter Heinrich IV. und Heinrich V., 7 Bde, 1890-1909; Nachdruck Berlin 1964/1965.

Quellen zur älteren Geschichte des Städtewesens in Mitteldeutschland, hg. vom Institut für Deutsche Landes- und Volksgeschichte an der Universität Leipzig, T. 1 und 2, Weimar 1949.

Quellen zur älteren Wirtschaftsgeschichte Mitteldeutschlands, hg. von Herbert Helbig, 5 Hefte, Weimar 1952/1953.

Rechtsdenkmale aus Thüringen. Namens des Vereins für thüringische Geschichte und Altertumskunde gesammelt und hg. von Andreas Ludwig Jakob Michelsen, Lief. 1-5, Jena 1852-1863.

Regesta diplomatica necnon epistolaria historiae Thuringiae, hg. von Otto Dobenecker, Jena, Bd. 1, 1896; Bd. 2, 1900; Bd. 3, 1925; Bd. 4, 1939.

Regesten zur Geschichte der Mainzer Erzbischöfe, Bd. 1-4, hg. von Cornelius Will und Heinrich Otto, Innsbruck 1877 ff.

Rothe, Johannes: Düringische Chronik, hg. von Rochus von Liliencron = Thüringische Geschichtsquellen, Bd. 3, Jena 1859.

Schluck, Manfred: Die Vita Heinrici IV. Imperatoris. Ihre zeitgenössischen Quellen und ihr besonderes Verhältnis zum Carmen de bello Saxonico, Sigmaringen 1979.

Schmale, Franz-Josef und Irene Schmale-Ott (Hg.): Quellen zur Geschichte Kaiser Heinrichs IV.: Die Briefe Heinrichs IV., Das Lied vom Sachsenkrieg, Brunos Sachsenkrieg, Das Leben Kaiser Heinrichs IV., 3. Auflage , Darmstadt 1974.

Thuringia Sacra. Urkundenbuch, Geschichte der thüringischen Klöster, Bd. 1/2, hg. von Wilhelm Rein, Weimar 1863 und 1865.

Urkundenbuch der Stadt Arnstadt. 704 bis 1495, hg. von C. A. H. Burkhardt, Jena 1883.

Urkundenbuch des Eichsfeldes, T. 1 (Anfang des 9. Jahrhunderts bis 1300), bearbeitet von Aloys Schmidt = Geschichtsquellen der Provinz Sachsen und des Freistaates Anhalt, N.R., Bd. 13, Magdeburg 1933.

Urkundenbuch der Stadt Erfurt, bearb. von Carl Beyer, T. 1 und T. 2 = Geschichtsquellen der Provinz Sachsen und angrenzender Gebiete, Bd. 23 und Bd. 24, Halle 1889 und 1897.

Urkundenbuch der Erfurter Stifter und Klöster, T. 1-3, bearb. von Alfred Overmann = Geschichtsquellen der Provinz Sachsen und des Freistaates Anhalt, N. R., Bd. 5, 7 und 16, Magdeburg 1926, 1929 und 1934.

Urkundenbuch des Klosters Fulda, hg. von E. E. Stengel, Bd.1, T.1-3, Marburg 1913, 1956 und 1958.

Urkundenbuch der Reichsabtei Hersfeld, Bd.1, bearb. von H. Weirich = Veröffentlichungen der Historischen Kommission von Hessen und Waldeck, Bd. 19, T. 1, Marburg 1936.

Urkundenbuch des Hochstifts Merseburg, T. 1 (962-1357), bearb. von P. Kehr = Geschichtsquellen der Provinz Sachsen, Bd. 36, Halle 1899.

Urkundenbuch der ehemals freien Reichsstadt Mühlhausen in Thüringen, bearbeitet von Karl Herquet unter Mitwirkung von W. Schweineberg = Geschichtsquellen der Provinz Sachsen und angrenzender Gebiete, Bd. 3, Halle 1874.

Urkundenbuch des Hochstifts Naumburg, T. 1 (967-1207), bearb. von F. Rosenfeld = Geschichtsquellen der Provinz Sachsen, N. R., Bd. 1, Magdeburg 1925.

Urkundenbuch des Klosters Paulinzella, 1068 - 1534, hg. von E. Anemüller = Thüringische Geschichtsquellen, N. F., Bd.4, Jena 1889 - 1905.

Urkundenbuch des Klosters Pforte, 1. Halbbd. (1132 - 1300), bearb. von P. Böhme = Geschichtsquellen der Provinz Sachsen, Bd. 33, Halle 1893.

Urkundenbuch der Vögte von Weida, Gera und Plauen sowie ihrer Hausklöster Mildenfurth, Cronschwitz, Weida und zum Heiligen Kreuz bei Saalburg 1122 - 1427, hg. von Berthold Schmidt = Thüringische Geschichtsquellen, Bd. 5, T. 1/II, Jena 1885 - 1892.

3. Darstellungen

Assing, Helmut: Der Aufstieg der Ludowinger in Thüringen, Eisenach 1993.

Derselbe: Brandenburg, Anhalt und Thüringen im Mittelalter. Askanier und Ludowinger beim Aufbau fürstlicher Territorialherrschaften. Zum 65. Geburtstag des Autors hg. von Tilo Köhn, Lutz Partenheimer und Uwe Zietmann, Köln - Weimar - Wien 1997.

Atlas des Saale- und mittleren Elbegebietes. Zweite, völlig neubearb. Auflage des Werkes Mitteldeutscher Heimatatlas. Unter Mitwirkung zahlreicher Fachwissenschaftler hg. von Otto Schlüter und Oskar August, 3 Teile, Leipzig 1958 ff.

Baaken, Gerhard und Roderich Schmidt (Hg.): Königtum, Burgen und Königsfreie. Königsumritt und Huldigung in ottonisch-salischer Zeit, 2. Auflage Sigmaringen 1981.

Bach, Herbert und Sigrid Dusek: Slawen in Thüringen, Weimar 1971.

Badstübner, Ernst: Kirchen in und um Schmalkalden, Berlin 1969.

Derselbe: Die romanischen Bauten in Breitungen an der Werra, Berlin 1972.

Derselbe: Die Wartburg und Landschaft, in: Forschungen zu Burgen und Schlössern, hg. von der Wartburg-Gesellschaft zur Erforschung von Burgen und Schlössern, Bd. 1, 1994, S. 105-113.

Badstübner-Kizik, Camilla: Die Gründungs- und Frühgeschichte des Klosters Paulinzella und die Lebensbeschreibung der Stifterin Paulina, Münster und Hamburg 1993.

Banz, Siegmar: Kloster Veßra. Von der Hennebergischen Grablege zum Hennebergischen Museum, in: Frankenland, Doppelheft 7, 1992, S. 222 - 232.

Bau- und Kunstdenkmäler Thüringens, bearb. von P. Lehfeldt und G. Voß, Jena 1889 - 1917.

Bergmann, Gerd: Die Entstehung der Stadt Eisenach, in: Eisenacher Schriften zur Heimatkunde, H. 5, 1979, S. 2-51.

Derselbe: Eisenacher Münzen, in: Eisenacher Schriften zur Heimatkunde, H. 17, 1982, S. 3-119.

Derselbe: Straßen und Burgen um Eisenach, Eisenach 1993.

Derselbe: Ältere Geschichte Eisenachs. Von den Anfängen bis zum Beginn des 19. Jahrhunderts, hg. vom Eisenacher Geschichtsverein e. V., Eisenach 1994.

Bewahren für Gegenwart und Zukunft. Denkmale in Thüringen, zusammengestellt von Willi Stubenvoll, hg. vom Thüringischen Landesamt für Denkmalpflege von Rudolf Zießler, Bd. 1, Bad Homburg und Leipzig 1992.

Biller, Thomas: Die Adelsburgen in Deutschland. Entstehung, Form und Bedeutung, München 1993.

Blaschke, Karlheinz: Geschichte Sachsens im Mittelalter, Berlin 1990.

Derselbe: Politische Geschichte Sachsens und Thüringens = Hefte der Bayerischen Geschichte und Kultur, Bd. 13, München 1991.

Derselbe: Der Fürstenzug zu Dresden, Leipzig - Jena - Berlin 1991.

Derselbe: Stadtgrundriß und Stadtentwicklung. Forschungen zur Entstehung mitteleuropäischer Städte (Ausgewählte Aufsätze), unter Mitarbeit von Uwe John hg. von Peter Johanek = Städteforschung. Veröffentlichungen des Instituts für vergleichende Städtegeschichte in Münster, Reihe A. Darstellungen, Bd. 44, Köln - Weimar - Wien 1997.

Borst, Otto: *„Burg"* und *„Stadt"*, in: Das Andere wahrnehmen. Beiträge zur europäischen Geschichte. August Nitschke zum 65.Geburtstag gewidmet, hg. von Martin Kintzinger, Wolfgang Stürner, Johannes Zahlten, Köln - Weimar - Wien 1991, S. 295 - 308.

Derselbe und andere: Städtegeist, in: Die alte Stadt = Vierteljahreszeitschrift für Stadtgeschichte, Stadtsoziologie und Denkmalpflege, S. 2 - 3/1994.

Bosl, Karl: Die Reichsministerialität der Salier und Staufer. Ein Beitrag zur Geschichte des hochmittelalterlichen deutschen Volkes, Staates und Reiches = Schriften der Monumenta Germaniae historica (Deutsches Institut für Erforschung des Mittelalters), Bd. 10, T. 1 und 2, Stuttgart 1950 und 1951.

Böhme, Horst Wolfgang: Burgen der Salierzeit, 2 Teile = Römisch-germanisches Zentralmuseum, Forschungsinstitut für Ur- und Frühgeschichte, Monographien, Bd. 25 und 26, Sigmaringen 1991.

Brachmann, Hans-Jürgen: Markt und Pfalz. Überlegungen zu ihrem Wechselverhältnis an ostsächsischen Beispielen, in: Josef Hartmann (Hg.), Sachsen und Anhalt, Bd. 20, 1997, S. 11 - 28.

Brinken, Bernd: Erfurt. Ein historischer Führer, Sigmaringendorf 1991.

Buchhofer, Ekkehard und Alfred Pletsch, Hessen und Thüringen. Eine geographische Einführung, in: Hessen und Thüringen - Ausstellung (Katalog), S. 24 - 30.

Burgen und Schlösser in Thüringen, Jahresschrift der LandesgruppeThüringen der Deutschen Burgenvereinigung e. V., 1996 ff.

Bühring, Johannes: Geschichte der Stadt Arnstadt 704 - 1904, Arnstadt 1904.

Czok, Karl (Hg.): Geschichte Sachsens, Weimar 1989.

Das Reich der Salier. Katalog zur Ausstellung in Speyer vom 23. März bis 21. Juni 1992, Sigmaringen 1992.

Denkmale in Thüringen. Ihre Erhaltung und Pflege in den Bezirken Erfurt, Gera und Suhl, 3. Auflage, Weimar 1975.

Deubler, Heinz u. Alfred Koch: Burgen und Schlösser bei Rudolstadt = Sonderausgabe der Rudolstädter Heimathefte, Rudolstadt 1972.

Devrient, Ernst: Geschichte Thüringens, 2. Auflage, Berlin und Leipzig1921.

Diezel, Rudolf: Das Prämonstratenserkloster Mildenfurth bei Weida (Thüringen), Jena 1937.

Dobenecker, Otto: Über Ursprung und Bedeutung der thüringischen Landgrafschaft, in: Zeitschrift des Vereins für thüringische Geschichte und Altertumskunde, Bd. 15, N. F. Bd. 7, 1891, S. 299 - 334.

Dusek, Sigrid: Geschichte und Kultur der Slawen in Thüringen, Weimar 1983.

Eberhardt, Hans: Die Anfänge des Territorialfürstentums in Nordthüringen = Beiträge zur mittelalterlichen, neueren und allgemeinen Geschichte, hg. von Friedrich Schneider, Bd. 2, Jena 1932.

Derselbe: Das Krongut im nördlichen Thüringen von den Karolingern bis zum Ausgang des Mittelalters, in: Zeitschrift des Vereins für thüringische Geschichte und Altertumskunde, Bd. 45, 1943, S. 30 - 96.

Derselbe: Die Gerichtsorganisation der Landgrafschaft Thüringen im Mittelalter, in: Zeitschrift für Rechtsgeschichte, Germanistische Abt., Bd. 75, 1958, S. 108 - 180.

Derselbe: Landgericht und Reichsgut im nördlichen Thüringen. Ein Beitrag zur gräflichen Gerichtsbarkeit des Mittelalters, in: Blätter für deutsche Landesgeschichte, Bd. 95, 1959, S. 67 - 108.

Derselbe: Die Kyffhäuserburgen in Geschichte und Sage, in: Blätter für deutsche Landesgeschichte, Bd. 96, 1960, S. 66 - 103.

Derselbe: Die Hainleiteburgen als historisches Problem, in: Alt-Thüringen, Bd. 6, Weimar 1962/1963.

Derselbe: Thüringen, in: Geschichte der deutschen Länder = *„Territorien- Ploetz"*, Bd. 1, Würzburg 1964, S. 458 - 472.

Derselbe: Zur Frühgeschichte des Christentums im mittleren Thüringen, in: Mosaiksteine. Thüringer kirchliche Studien, Bd. 4, Berlin 1981, S. 64 - 78 (Nachdruck in: Thüringen im Mittelalter. Die Schwarzburger, S. 7 - 28).

Derselbe: Die Frühgeschichte der Stadt Arnstadt, in: Ebenda, S. 106 - 120.

Derselbe: Erfurt als kirchliches Zentrum im Früh- und Hochmittelalter, in: Dreißig Beiträge zur thüringischen Kirchengeschichte. Fundamente = Thüringer kirchliche Studien V, Berlin 1987, S. 11 - 28.

Derselbe: Zur Frühgeschichte der Kirchen von Weimar und Oberweimar, in: Ebenda, S. 29 - 36.

Derselbe: Zur Frühgeschichte des Orlagaues, in: Ebenda, S. 37 - 48.

Derselbe: Archidiakonate und Sedes im mittleren Thüringen, in: Hessisches Jahrbuch für Landesgeschichte, Bd. 39, 1989, S. 6 - 14.

Derselbe: Wechmar oder Weimar? Zur Ersterwähnung von Weimar, in: Zeitschrift des Vereins für Thüringische Geschichte, Bd. 46, 1992, S. 53 - 64.

Derselbe: Zur Frühgeschichte von Sondershausen und Jechaburg, in: Ebenda, Bd. 50, 1996, S. 37 - 55.

Derselbe: Mittelalterliche Gerichtsstätten im nördlichen Thüringen, in: Ebenda, Bd. 51, 1997, S. 61 - 96.

Eberhardt, Hans u. Paul Grimm: Die Pfalz Tilleda am Kyffhäuser, Tilleda 1971.

Eberl, Immo: Die frühe Geschichte des Hauses Schwarzburg und die Ausbildung seiner Territorialherrschaft, in: Thüringen im Mittelalter. Die Schwarzburger, S. 79 - 130.

Eggert, Wolfgang: Rebelliones servorum. Bewaffnete Klassenkämpfe im Früh- und frühen Hochmittelalter und ihre Darstellung in zeitgenössischen erzählenden Quellen, in: Zeitschrift für Geschichtswissenschaft, Jg. 28, 1975, H. 10, S. 1147 - 1164.

Derselbe: Lampertus scriptor callidissimus. Über Tendenz und literarische Technik der *„Annalen"* des Hersfelder Mönches, in: Jahrbuch für Geschichte des Feudalismus, Bd. 1, 1977.

Eichler, Ernst u. Hans Walther: Städtenamenbuch der DDR, Leipzig1986.

Eichhorn, Herbert: Das Prämonstratenserkloster Mildenfurth = Arbeitshefte des Thüringischen Landesamtes für Denkmalpflege, hg. von Rudolf Zießler, Bd. 2, 1993.

Engel, Evamaria: Die deutsche Stadt des Mittelalters, München 1993.

Engel, Evamaria u. Eberhard Holtz (Hg.): Deutsche Könige und Kaiser des Mittelalters, 2. Auflage, Leipzig - Jena - Berlin 1990.

Engel, Evamaria u. Bernhard Töpfer und andere: Deutsche Geschichte, Bd. 2: Die entfaltete Feudalgesellschaft von der Mitte des 11. bis zu den siebziger Jahren des 15. Jahrhunderts, Berlin 1983.

Epperlein, Siegfried: Der Gang nach Canossa = Illustrierte Historische Hefte 11, Berlin 1978.

Fenske, Lutz: Adelsopposition und kirchliche Reformbewegung im östlichen Sachsen. Entstehung und Wirkung des sächsischen Widerstandes gegen das salische Königtum während des Investiturstreits = Veröffentlichungen des Max-Planck-Instituts für Geschichte, Bd. 47, Göttingen 1979.

Finkenwirth, Walter: Die Entwicklung der Landeshoheit der Vorfahren des Fürstenhauses Reuß (1122 - 1329) = Jenaer Historische Arbeiten, H. 2, Bonn 1912.

Flach, Willy: Stamm und Landschaft Thüringen im Wandel der Geschichte, in: Blätter für deutsche Landesgeschichte, 1938, S. 171 - 187.

Derselbe: Land und Städte in Thüringen, in: Deutsches Städtebuch. Handbuch städtischer Geschichte. Im Auftrage der Konferenz der landesgeschichtlichen Kommissionen Deutschlands mit Unterstützung des Deutschen Gemeindetages, hg. von Erich Keyser, Bd. 2: Mitteldeutschland, Stuttgart und Berlin 1941, S. 255 - 262.

Derselbe: Die Entstehungszeit der thüringischen Städte, in: Zeitschrift des Vereins für thüringische Geschichte und Altertumskunde, N. F., Bd. 36, 1942, S. 52 - 111.

Forschungen zu Burgen und Schlössern I ff., hg. von der Wartburg-Gesellschaft zur Erforschung von Burgen und Schlössern, München/Berlin 1994 ff.

Forschungen zur thüringischen Landesgeschichte. Festschrift für Friedrich Schneider zum 70. Geburtstag am 14. Oktober 1957, Weimar 1958.

Franz, Günther: Geschichte des deutschen Bauernstandes vom frühen Mittelalter bis zum 19. Jahrhundert, Stuttgart 1970.

Fried, Johannes (Hg.): Die abendländische Freiheit vom 10. zum 14. Jahrhundert, Sigmaringen 1991.

Friese, Alfred: Studien zur Herrschaftsgeschichte des fränkischen Adels. Der mainländisch-thüringische Raum vom 7. - 11. Jahrhundert, Stuttgart 1979.

Frühe Burgen und Städte. Beiträge zur Burgen- und Stadtkernforschung = Deutsche Akademie der Wissenschaften zu Berlin, Schriften der Sektion für Vor- und Frühgeschichte, Bd. 2 (Unverzagt - Festschrift), Berlin 1954.

Giese, Wolfgang: Der Stamm der Sachsen und das Reich in ottonischer und salischer Zeit. Studien zum Einfluß des Sachsenstammes auf die politische Geschichte des deutschen Reichs im 10.und 11. Jahrhundert und zu ihrer Stellung im Reichsgefüge mit einem Ausblick auf das 12. und 13. Jahrhundert, Wiesbaden 1979.

Glatzel, Kristine: Burg Querfurt, Leipzig 1979.

Gockel, Michael (Bearb.): Die deutschen Königspfalzen. Repertorium der Pfalzen, Königshöfe und übrigen Aufenthaltsorte der Könige im deutschen Reich des Mittelalters, Bd. 2: Thüringen, Göttingen 1984 ff.

Derselbe (Hg.): Aspekte thüringisch-hessischer Geschichte, Marburg/Lahn 1992.

Derselbe: Das Dienstrecht der Kölner Erzbischöfe aus dem thüringischen Saalfeld (mit Edition), in: Michael Gockel und Volker Wahl (Hg.), Thüringische Forschungen, S. 43 - 62.

Derselbe: Erfurts zentralörtliche Funktionen im frühen und hohen Mittelalter, in: Ulman Weiß (Hg.), Erfurt. Geschichte und Gegenwart, S. 81 - 94.

Gockel, Michael u. Volker Wahl (Hg.): Thüringische Forschungen. Festschrift für Hans Eberhardt zum 85. Geburtstag am 25. September 1993, Weimar - Köln - Wien 1993.

Gothe, Rosalinde und Jürgen Pietsch: Dornburg. Von Otto I. bis Goethe, Weimar 1991.

Göldner, Kurt: Der Thüringer Bauernaufstand vom Jahre 1123, in: Aus der Vergangenheit der Stadt Erfurt, Bd. 1, Erfurt 1955, S. 76 - 81.

Grimm, Paul: Archäologische Probleme um die Pfalz Tilleda und weitere Pfalzen im Harzgebiet, in: Halberstadt, Harz und Harzvorland im Mittelalter, T. 2, Halberstadt 1983, S. 65 - 74.

Derselbe: Tilleda. Eine Königspfalz am Kyffhäuser, T. I: Die Hauptburg = Deutsche Akademie der Wissenschaften zu Berlin, Schriften der Sektion für Vor- und Frühgeschichte, Bd. 24, Berlin 1968: T. II: Die Vorburg und Zusammenfassung = Akademie der Wissenschaften der DDR, Zentralinstitut für Alte Geschichte und Archäologie, Schriften zur Ur- und Frühgeschichte, Bd. 40, Berlin 1990.

Gringmuth-Dallmer, Eike: Frühmittelalterlicher Landesausbau in Thüringen und Hessen. Ein Vergleich, in: Michael Gockel (Hg.), Aspekte thüringisch - hessischer Geschichte, S. 67 - 80.

Großmann, Bernhard (Fotos), Thomas Witter u. Günther Wölfing (Texte): Auf den Spuren der Henneberger. 900 Jahre Henneberger Land 1096 - 1996, Kloster Veßra 1996.

Grundmann, Herbert: Religiöse Bewegungen im Mittelalter, 3. Aufl., Darmstadt 1970.

Grüning, Uwe u. Jürgen Pietsch: Raum seiner Gnade. Bilder romanischer Kirchen in Mitteldeutschland, Leipzig 1992.

Gutsche, Willibald (Hg.): Geschichte der Stadt Erfurt, 2. Auflage, Weimar 1989.

Derselbe (Hg.): Kleine illustrierte Geschichte der Stadt Erfurt, Marburg 1991.

Günther, Gerhard: Mühlhausen in Thüringen. 1200 Jahre Geschichte der Thomas-Müntzer - Stadt, Berlin 1975.

Günther, Gerhard und Winfried Korf: Mühlhausen, Leipzig 1986.

Günther, Gitta und Lothar Wallraff (Hg.): Geschichte der Stadt Weimar, Weimar 1975.

Günther, Gitta, Wolfram Huschke und Walter Steiner, mit einem Geleitwort von Klaus Büttner: Weimar, Lexikon zur Stadtgeschichte, Weimar 1993.

Hahn, Hans: Das Reich, die Grafen von Henneberg und Schweinfurt, in: Mainfränkisches Jahrbuch für Geschichte und Kunst, Bd. 19,1967, S. 18 - 30.

Harm, Rudolf und Werner Mägdefrau (Hg.): Schmalkalden und Thüringen in der deutschen Geschichte, Schmalkalden 1989.

Hartmann, Josef (Hg. im Auftrage der Historischen Kommission): Sachsen und Anhalt. Jahrbuch der Historischen Kommission für Sachsen-Anhalt, Bd. 20, Weimar 1997.

Hartmann, Josef und Hans-Joachim Krause (Hg.): Festschrift für Ernst Schubert = Sachsen und Anhalt. Jahrbuch der Historischen Kommission für Sachsen-Anhalt, Bd. 19, Weimar 1997.

Hävernick, Walter: Raum und Beziehungen des mittelalterlichen Thüringen im Lichte numismatischen Materials, in: Blätter für deutsche Landesgeschichte, Jg. 84, 1938, H. 2, S. 91 - 107.

Derselbe (unter Mitarbeit von E. Mertens und A. Suhle): Die mittelalterlichen Münzfunde in Thüringen = Veröffentlichungen der Thüringischen Historischen Kommission, Bd. 4, Jena 1955.

Hebig, Dieter: Mittelalterliche Wehranlagen in Südwestthüringen - Grundzüge ihrer Entwicklung und Funktion, in: Jahrbuch für Regionalgeschichte, Bd. 5, Weimar 1988.

Heckmann, Hermann (Hg.): Thüringen. Historische Landeskunde Mitteldeutschlands, 3 . Auflage, Würzburg 1991.

Heinemann, Wolf-Dietrich: Rohr in Thüringen, in: Südthüringer Forschungen, H. 5, Meiningen 1969.

Derselbe: Michaeliskirche zu Rohr in Thüringen, Jena - Berlin 1990.

Heinemeyer, Karl: Hessen und Thüringen im frühen und hohen Mittelalter, in: Blätter des Vereins für Thüringische Geschichte e. V., 1. Jg. 1991, H. 2, S. 5 - 17.

Derselbe: Mainz, in: Theologische Realenzyklopädie, Bd. XXI, Berlin / New York 1991.

Derselbe: Territorium ohne Dynastie: Der Erzbischof von Mainz als Diözesanbischof und Landesherr, in: Hessisches Jahrbuch für Landesgeschichte, Bd. 4, 1994, S. 1 - 15.

Heinemeyer, Walter: Hessen und Thüringen. Von den Anfängen bis zur Reformation. Eine Ausstellung des Landes Hessen, in: alma mater philippina, Marburg 1992/93, S. 22 - 24.

Heller, Paul: Die Kirche St. Veit zu Wünschendorf, Berlin 1985.

Henning, Eckart: Die Entwicklung der Landesherrschaft zwischen dem nördlichen Thüringer Wald und dem südlichen Maingebiet am Beispiel der Grafschaft Henneberg (1078 - 1583), in: Mainfränkisches Jahrbuch für Geschichte und Kunst, Bd. 24, 1972, S. 1 - 36.

Henning, Friedrich: Kleine Geschichte Thüringens = Thüringer Heimatbücherei, hg. von Julius Kober, Bd. 15, Würzburg 1964.

Herrmann, Rudolf: Thüringische Kirchengeschichte, 2 Bde, Jena 1937 und Weimar 1947.

Herz, Hans, Horst Fleischer und Lutz Unbehaun: Rudolstadt. Eine Residenz in Thüringen, Leipig 1993.

Heßler, Wolfgang: Mitteldeutsche Gaue des frühen und hohen Mittelalters = Abhandlungen der Sächsischen Akademie der Wissenschaften zu Leipzig, Phil.-hist. Klasse, Bd. 49/T. 2, Berlin 1957.

Hintzenstern, Herbert von: Gebaut für die Ewigkeit. Klosteranlagen in Thüringen = Kulturzeugnisse aus alter Zeit, Erfurt 1996.

His, Rudolf: Zur Rechtsgeschichte des thüringischen Adels, in: Zeitschrift des Vereins für thüringische Geschichte und Altertumskunde, Bd. 22 (N. F. Bd. 14), 1904, S. 1 - 35.

Holtmeyer, A.: Die Zisterzienserkirchen Thüringens. Beiträge zur Kunstgeschichte Thüringens, Bd. 1, Jena 1906.

Holtz, Eberhard und Wolfgang Huschner: Deutsche Fürsten des Mittelalters, Leipzig 1995.

Hörbe, Cordula, Angela u. Thomas Holleczek, Franz-Josef Wokittel: Glaube durch die Jahrhunderte. Ein Führer durch den Dom St. Marien und die Kirche St. Severi zu Erfurt, Leipzig 1992.

Ignasiak, Detlef: Herrscher und Mäzene. Thüringer Fürsten von Hermenefred bis Georg II., Rudolstadt 1994.

Jankuhn, Herbert, Walter Schlesinger, Heiko Steuer (Hg.): Vor- und Frühformen der europäischen Stadt im Mittelalter, T. 1 und 2. 2., Göttingen 1975.

Jauernig, Reinhold: Die alten in Thüringen gebräuchlichen Maße und ihre Umwandlung, Gotha 1929.

Johanek, Peter und Jörg Jarnut (Hg.): Die Stadt im 11. Jahrhundert = Städteforschung, Reihe A: Darstellungen, Bd. 43, Köln - Weimar - Wien 1997.

John, Jürgen: Mühlberg in Thüringen, in: Die schwarze Elster, 1983, Nr. 14.

Derselbe: Erfurt als Zentralort, Residenz und Hauptstadt, in: Zeitschrift des Vereins für Thüringische Geschichte, Bd. 46, 1992, S. 65-94, und in: Ulman Weiß (Hg.), Erfurt. Geschichte und Gegenwart, S. 25 - 44.

John, Jürgen, Reinhard Jonscher, Axel Stelzner: Geschichte in Daten. Thüringen, München - Berlin 1995.

Jonscher, Reinhard: Kleine thüringische Geschichte. Vom Thüringer Reich bis 1945, Jena 1995.

Kadenbach, Johannes: Die Gründung des Erfurter Petersklosters im Jahre 1060. Zur Herrschaft der Mainzer Erbischöfe im mittelalterlichen Erfurt, in: Aus der Vergangenheit der Stadt Erfurt, N. F., H. 1, 1985, S. 71 - 86.

Kahl, Wolfgang: Ersterwähnung Thüringer Städte und Dörfer bis 1300. Ein Handbuch, hg. von der Landeszentrale für politische Bildung Thüringen, Erfurt 1996.

Keutgen, Friedrich: Untersuchungen über den Ursprung der deutschen Stadtverfassung, Leipzig 1895.

Klein, Matthias: Arnstadt im Spannungsfeld zwischen dem Kloster Hersfeld und den Grafen von Schwarzburg, in: Thüringen im Mittelalter. Die Schwarzburger, S. 199 - 216.

Klein, Sven: Die Entstehung und Entwicklung der Landesherrschaft der Vögte aus den Häusern Weida, Gera und Plauen vom beginnenden 12. Jahrhundert bis 1329, Jena 1991 (Masch., Diplomarbeit).

Koch, F. A.: Die Erfurter Weihbischöfe. Ein Beitrag zur thüringischen Kirchengeschichte, in: Zeitschrift des Vereins für Thüringische Geschichte und Altertumskunde, Bd. 6, 1865, S. 31 - 126.

Koch, Herbert: Geschichte der Stadt Jena, Stuttgart 1966. Unveränderter Nachdruck mit einem Nachwort von Jürgen John und einer Bibliographie zur Jenaer Stadtgeschichte von Reinhard Jonscher, Jena - Stuttgart - Lübeck - Ulm 1996.

Kolb, Peter und Ernst-Günter Krenig (Hg.): Unterfränkische Geschichte, Bd. 1: Von der germanischen Landnahme bis zum hohen Mittelalter, 4. Auflage, Würzburg 1993.

Köbler, Gerhard: Historisches Lexikon der deutschen Länder. Die deutschen Territorien vom Mittelalter bis zur Gegenwart, München 1988.

Koerner, Fritz: Thüringens politisch-geographische Stellung im Wandel der Zeiten, in: Verhandlungen und wissenschaftliche Abhandlungen des 26. Deutschen Geographentages zu Jena 9. bis 12.Oktober 1936, hg. von Albrecht Haushofer, Breslau 1937, S. 231 - 245.

Derselbe: Die kirchliche Verwaltungsgliederung Mitteldeutschlands im Mittelalter und ihre Auswertung für die Geschichte der Kulturlandschaft, in: Petermanns geographische Mitteilungen, Bd. 98, 1954, S. 17 - 23.

Kötzschke, Rudolf: Das Vogtland als Grenzraum in der deutschen Geschichte, in: Mitt. Plauen, Bd. 42, Plauen 1940, S. 1 - 36.

Krahe, Friedrich-Wilhelm: Burgen des Mittelalters. Grundriß - Lexikon, Augsburg 1996.

Krenig, Ernst-Günther: *„900 Jahre Henneberger Land"*. Das Erbe der Grafen von Henneberg für Franken, das Reich und Europa, in: Mainfränkisches Jahrbuch für Geschichte und Kunst, Bd. 48, 1996, S. 3 - 13.

Kulturförderverein Weida e. V. (Hg.): Heinrich IV., Vogt von Weida und seine Zeit. Weidaer Kolloquium, Weißbach 1997.

Küther, Waldemar, unter Mitarbeit von Hans Goller: Vacha und sein Servitenkloster im Mittelalter = Mitteldeutsche Forschungen, Bd. 64, Köln - Wien 1971.

Lange, Peter: Zur Geschichte der Grafschaft Weimar-Orlamünde, in: Thüringen im Mittelalter. Die Schwarzburger, S. 183 - 198.

Lämmerhirt, Rainer: 600 Jahre Burg Haineck, Nazza 1991.

Derselbe: Mihla. Aus der Geschichte eines Dorfes in West-Thüringen, Mihla 1993.

Lechner, Karl: Die Babenberger. Markgrafen und Herzöge von Österreich 976-1246 = Veröffentlichungen des Instituts für österreichische Geschichtsforschung, Bd. XXIII, 4., Wien - Köln - Weimar 1992.

Lehmann, Edgar und Ernst Schubert: Dom und Severikirche zu Erfurt. Fotos von Klaus G. Beyer und Constantin Beyer, Leipzig 1988.

Leisten, Norbert: Erfurt und seine Kirchen, Leipzig 1992.

Lemmer, Manfred: Die Burgen und Städte der Landgrafen von Thüringen als Stützpfeiler ihrer Macht, in: Festschrift zur 825-Jahr-Feier der Runneburg in Weißensee, S. 133 - 149.

Lindner, Klaus: Untersuchungen zur Frühgeschichte des Bistums Würzburg und des Würzburger Raumes = Veröffentlichungen des Max-Planck-Instituts für Geschichte, Bd. 35, Göttingen 1972.

Luhn, Rolf und Martin Sünder: Mühlhausen in Thüringen, 2. Aufl., Gotha 1994.

Lütge, Friedrich: Deutsche Sozial- und Wirtschaftsgeschichte, 2. Auflage, Berlin-Göttingen - Heidelberg 1960.

Derselbe: Geschichte der deutschen Agrarverfassung vom frühen Mittelalter bis zum 19. Jahrhundert = Deutsche Agrargeschichte, Bd. 3, Stuttgart 1963.

Mania, Dietrich: Orlamünde - vor und nach 1194, Jena/Orlamünde 1994.

Mascher, Karlheinz: Reichsgut und Komitat am Südharz im Hochmittelalter = Mitteldeutsche Forschungen, Bd. 9, Köln und Graz 1957.

Maschke, Erich: Thüringen in der Reichsgeschichte, Jena 1937.

Mast, Peter, Thüringen. Die Fürsten und ihre Länder, Graz - Wien - Köln 1992.

Mägdefrau, Werner: Stadtentstehung und revolutionäre Kommunalbewegung aus regionaler Sicht, in: Zeitschrift für Geschichtswissenschaft, Jg. 19, 1971, H. 5, S. 627 - 647.

Derselbe: Der Thüringer Städtebund im Mittelalter, Weimar 1977.

Derselbe und andere: Burg und Stadt in Geschichte und Gegenwart = Wissenschaftliche Zeitschrift der Friedrich-Schiller-Universität, 28. Jg., Jena 1979, H. 3.

Derselbe und andere: 750 Jahre Jena = Ebenda, 34. Jg., 1985, H. 5/6.

Derselbe: Thüringen im hohen Mittelalter = Schriften der Wartburgstiftung Eisenach, Bd. VI, Eisenach 1989.

Derselbe: Herrschafts- und Landesausbau in Thüringen im ausgehenden 11. und 12. Jahrhundert, in: Aus der Vergangenheit der Stadt Erfurt, N. F., 1989, H. 6, S. 47 - 63.

Derselbe: Herrschafts- und Landesausbau im Ringen zwischen Königtum und Papstkirche, Feudaladel und Volksmassen im ausgehenden 11. und 12. Jahrhundert. Die Begründung der Thüringer Landgrafschaft (1130) und die ersten Ludowinger Landgrafen, in: Jahrbuch für Regionalgeschichte und Landeskunde, Bd. 16, T. II, 1989, S. 13 - 28.

Derselbe: Herrschaft und Volksbewegung beim Übergang zur Epoche des vollentfalteten Feudalismus in Thüringen, in: Thüringen in der deutschen Geschichte, Autorenkollektiv unter Leitung von Erhard Wörfel = Wissenschaftliche Zeitschrift der Friedrich-Schiller-Universität Jena, Gesellschaftswissenschaftliche Reihe, 37. Jg., H. 6/1986, S. 387 - 404 (Nachauflage: Ebenda H.4/1988).

Derselbe: Erfurt in der Geschichte Thüringens. Von der ersten urkundlichen Erwähnung 742 bis zur Gründung der Universität 1392, in: Ulman Weiß (Hg.), Erfurt 742 - 1992, S. 21 - 38.

Derselbe: Die Landgrafschaft Thüringen 1130 - 1247 = Thüringen. Blätter zur Landeskunde, hg. von der Landeszentrale für politische Bildung Thüringen, Erfurt 1994.

Derselbe: Stadt und Kultur. Aus der thüringischen Geschichte zur Zeit der Ludowinger Landgrafschaft 1130 - 1247, in: Die alte Stadt. Vierteljahreszeitschrift für Stadtgeschichte, Stadtsoziologie und Denkmalpflege, hg. von Otto Borst, 1994, H. 2/3, S. 150 - 164.

Derselbe: Glanzpunkt des Mittelalters. Zur Kulturgeschichte der Landgrafschaft Thüringen 1130 - 1247, Heinz Mettke zu seinem 70. Geburtstag, in: Mitteldeutsches Jahrbuch für Kultur und Geschichte, hg. für die Stiftung Mitteldeutscher Kulturrat von Christof Römer, Bd. 2, 1995, S. 65 - 86.

Derselbe: Weltliche und geistliche Herrschaften im hohen Mittelalter. Aus der Geschichte Thüringens vornehmlich zur Zeit der Ludowinger Landgrafschaft, in: Thüringen im Mittelalter. Die Schwarzburger, S. 29 - 78.

Derselbe: Die Landgrafschaft Thüringen 1130 bis 1247, Jena 1996.

Derselbe: Die Landgrafschaft Thüringen 1130 bis 1247 = Hintergründe und Erörterungen ... factum ..., H. 3, hg. von der Landeszentrale für politische Bildung Thüringen, Erfurt 1996.

Derselbe: Thüringen im Mittelalter. Vom Königreich zur Landgrafschaft, Jena 1996 und 1998.

Derselbe: Mittelalterliche Burgen und Wehrbauten in Thüringen (11. - 13. Jahrhundert) = Thüringen gestern & heute, H. 4, hg. von der Landeszentrale für politische Bildung Thüringen, Erfurt 1997.

Derselbe: Thüringen im Mittelalter. Strukturen und Entwicklung zwischen 1130 und 1310 = Thüringen gestern & heute, H. 7, hg. von der Landeszentrale für politsiche Bildung Thüringen, Erfurt 1999.

Menchén, Georg und Wolfgang Leißling: Burgen zwischen Werra und Elbe, 2. Auflage, Rudolstadt 1987.

Mertens, Klaus: Die St. Severikirche zu Erfurt, hg. von Fritz Löffler = Das christliche Denkmal, H. 27, 3. Auflage, Berlin 1963.

Derselbe: Der Dom zu Erfurt = Das christliche Denkmal, hg. von Fritz Löffler, H. 21/22, 5. Auflage , Berlin 1964.

Meyer, Otto unter Mitarbeit von Elisabeth Roth und Klaus Guth: Oberfranken im Hochmittelalter. Politik - Kultur - Gesellschaft, Bayreuth 1987.

Mitteis, Heinrich: Der Staat des hohen Mittelalters. Grundlinien einer vergleichenden Verfassungsgeschichte des Lehnszeitalters, 4. Auflage, Weimar 1953.

Moraw, Peter (Hg.): Regionale Identität und soziale Gruppen im deutschen Mittelalter, Berlin 1992.

Moraw, Peter und Walter Heinemeyer und andere: Hessen und Thüringen - Ausstellung (Katalog) - Von den Anfängen bis zur Reformation, Marburg und Eisenach 1992.

Moraw, Peter: Hessen und Thüringen in der deutschen und europäischen Geschichte - Von den Anfängen bis zur Reformation, in: Ebenda, S. 17 - 23.

Moszner, Karl: Die Wasserburg Kapellendorf. Ihre Geschichte und Baugeschichte, 4. erweiterte Auflage, Weimar 1986.

Möbius, Friedrich: Thalbürgel, München und Zürich 1992.

Derselbe: Klosterkirche Paulinzella, München und Zürich 1992.

Mrusek, Hans-Joachim: Burgen in Sachsen und Thüringen, Leipzig und München 1965.

Derselbe: Gestalt und Entwicklung der feudalen Eigenbefestigung im Mittelalter, Berlin 1973.

Derselbe: Drei sächsische Kathedralen. Merseburg - Naumburg - Meißen, Dresden 1976.

Mues, Siegfried: Gera. Aus Vergangenheit und Gegenwart. 17 Beiträge zur Stadtgeschichte, Gera 1985.

Müllerott, Hansjürgen: Die Käfernburg über Oberndorf vorm Thüringer Wald, in: Thüringen im Mittelalter. Die Schwarzburger, S. 269 - 272.

Müller-Mertens, Eckhard: Der Sachsenkrieg von 1073 bis 1075 und die Frage nach dem Verbleib freier Bauern in der Feudalgesellschaft, in: Die Rolle der Volksmassen in der Geschichte der vorkapitalistischen Gesellschaftsformationen, hg. von Joachim Herrmann und Irmgard Sellnow = Veröffentlichungen des Zentralinstituts für Alte Geschichte und Archäologie der Akademie der Wissenschaften der DDR, Bd. 7, Berlin 1975, S. 237 - 246.

Müller-Mertens, Eckhard und Wolfgang Huschner: Reichsintegration im Spiegel der Herrschaftspraxis Kaiser Konrads II., Weimar 1993.

Opfermann, Bernhard: Die thüringischen Klöster vor 1800. Eine Übersicht, Leipzig/Heiligenstadt 1959.

Otto, Karl-Heinz und Joachim Herrmann: Siedlung, Burg und Stadt. Studien zu ihren Anfängen = Deutsche Akademie der Wissenschaften zu Berlin, Schriften der Sektion für Vor- und Frühgeschichte, Bd. 25, Berlin 1969 (mit Beiträgen unter anderem über Allstedt von Berthold Schmidt, Camburg von Gotthard Neumann, Möbisburg bei Erfurt von Karl Peschel, Frankenhausen von Hans Eberhardt, Memleben von Ernst Schubert und Gerhard Leopold).

Parigger, Harald: Das Würzburger Burggrafenamt, in: Mainfränkisches Jahrbuch für Geschichte und Kunst, Bd. 31, 1979, S. 9 - 31.

Patze, Hans: Recht und Verfassung thüringischer Städte = Thüringische Archivstudien, Bd. 6, Weimar 1955.

Derselbe: Die Entstehung der Landesherrschaft in Thüringen, T. 1 = Mitteldeutsche Forschungen, Bd. 22, Köln und Graz 1962.

Derselbe (Hg.): Die Burgen im deutschen Sprachraum. Ihre rechts - und verfassungsgeschichtliche Bedeutung, T. I/II, Sigmaringen 1976.

Derselbe (Hg.) in Verbindung mit Peter Aufgebauer: Thüringen = Handbuch der historischen Stätten Deutschlands, Bd. 9, 2. Auflage, Stuttgart 1989.

Patze, Hans und Walter Schlesinger: Geschichte Thüringens, Bd. 1, Köln und Graz 1968; Bd. 2/I, Köln und Wien 1974; Bd. 2/II, Köln und Wien 1973 = Mitteldeutsche Forschungen, Bd. 48/I; Bd. 48/II, T. 1, Bd. 48/II, T. 2.

Pätzold, Stefan: Die frühen Wettiner. Adelsfamilie und Hausüberlieferung bis 1221 = Geschichte und Politik in Sachsen, Bd. 6, Köln - Weimar - Wien 1997.

Peinhardt, Helmut: Wehrhaftes Erfurt. Die mittelalterliche Stadtbefestigung, Rudolstadt 1996.

Petersohn, Jürgen: *„De ortu principum Thuringie"*. Eine Schrift über die Fürstenwürde der Landgrafen von Thüringen aus dem 12. Jahrhundert, in: Deutsches Archiv für Erforschung des Mittelalters, 48. Jg., 1992, H. 2, S. 585 - 608.

Derselbe: Die Ludowinger. Selbstverständnis und Memoria eines hochmittelalterlichen Reichsfürstengeschlechts, in: Blätter für deutsche Landesgeschichte, Bd. 129, 1993, S. 1 - 39.

Piper, Otto: Burgenkunde. Bauwesen und Geschichte der Burgen zunächst innerhalb des deutschen Sprachgebietes, Würzburg - Augsburg 1993 (verbesserter und erweiterter Nachdruck der 3. Auflage, München 1912).

Planitz, Hans: Die deutsche Stadt im Mittelalter. Von der Römerzeit bis zu den Zunftkämpfen, 3. Auflage, Weimar 1975.

Platen, Michael: Die Stadt Jena im Mittelalter, Jena 1985.

Derselbe: Die Thüringer Städte im Mittelalter = Thüringen. Blätter zur Landeskunde, hg. von der Landeszentrale für politische Bildung Thüringen, Erfurt 1994.

Derselbe: Die Burgen der Schwarzburger, in: Thüringen im Mittelalter. Die Schwarzburger, S. 255 - 268.

Platen, Michael und Richard Schäfer: Burgen um Jena, 2. Auflage, Jena 1984.

Dieselben: Die schönsten Burgen in Thüringen, Rudolstadt 1993.

Pollmann, Hans-Otto: Untersuchungen der Erfurter Stadtarchäologie in den Jahren 1994 und 1995, in: Mitteilungen des Vereins für die Geschichte und Altertumskunde von Erfurt, 57. H., N. F. H. 4, Weimar 1996, S. 155 - 160.

Querfeld, Werner: Forschungen zur Geschichte des ehemaligen Reußenlandes, in: Michael Gockel und Volker Wahl (Hg.), Thüringische Forschungen, S. 93 - 110.

Raschke, Helga: Gotha: die Stadt und ihre Bürger, Horb 1992.

Regel, Fritz: Thüringen. Ein geographisches Handbuch, Jena, 2. T. 1895, 3. T. 1896.

Reißig, Beatrix: Beiträge zur Geschichte des Handels und Warenverkehrs auf der hohen Landstraße in den wettinischen Landen bis ins 16. Jahrhundert, Leipzig 1938.

Rietschel, Siegfried: Markt und Stadt in ihrem rechtlichen Verhältnis, Leipzig 1897.

Roob, Helmut: Kloster Reinhardsbrunn (1085 - 1525), in: Jahrbuch für Regionalgeschichte, Bd. 13, 1986, S. 288 - 297.

Derselbe: Das Gothaer Land. 7000 Jahre Geschichte und Kultur der Landschaft zwischen Rennsteig und Unstrut, Gotha 1996.

Röblitz, Günther: Abriß der Münzgeschichte Arnstadts = Beiträge zur Heimatgeschichte. Stadt und Kreis Arnstadt, H. 6, 1986.

Derselbe: Geschichte der Münzstätte Jena = Schriften des Stadtmuseums Jena, Bd. 23, Jena 1977.

Derselbe: Die Brakteaten der Herren von Lobdeburg, Berlin 1984.

Rupp, Matthias: Die vier mittelalterlichen Wehranlagen auf dem Hausberg bei Jena, Jena 1995.

Sagen des Wartburglandes, bearbeitet von Heinz Seidel = Eisenacher Schriften zur Heimatkunde, H. 31/32, Eisenach 1984/1985.

Sebicht, Richard: Die Zisterzienser und die niederländischen Kolonisten in der Goldenen Aue, in: Zeitschrift des Harzvereins, Bd. 21, 1888, S. 1 - 74.

Sonntag, Franz Peter: Das Kollegiatstift Sankt Marien zu Erfurt von 1117 bis 1400. Ein Beitrag zur Geschichte seiner Verfassung, seiner Mitglieder und seines Wirkens = Erfurter theologische Studien, Bd. 13, Leipzig 1962.

Suhle, Arthur: Deutsche Münz- und Geldgeschichte von den Anfängen bis zum 15. Jahrhundert, Berlin 1955.

Scharf, Roland: Bonifatius und die Wiege der Grafen von Käfernburg-Schwarzburg im Mittleren Thüringer Wald, Arnstadt 1994.

Derselbe: Das Kloster Asolveroth auf dem St. Georgsberg, in: Thüringen im Mittelalter. Die Schwarzburger, S. 227 - 232.

Schieckel, Harald: Herrschaftsbereich und Ministerialität der Markgrafen von Meißen im 12. und 13. Jahrhundert = Mitteldeutsche Forschungen, Bd. 7, Graz 1956.

Schlesinger, Walter: Städtische Frühformen zwischen Rhein und Elbe, in: Studien zu den Anfängen des europäischen Städtewesens, Reichenau - Vorträge 1955-1956 = Vorträge und Forschungen, hg. vom Institut für geschichtliche Landesforschung des Bodenseegebietes in Konstanz, geleitet von Theodor Mayer, Bd. 4, Lindau und Konstanz 1958, S. 297 - 362.

Derselbe: Kirchengeschichte Sachsens im Mittelalter = Mitteldeutsche Forschungen Bd. 27, 2 Teile, Köln/Graz 1962.

Derselbe: Stadt und Burg im Lichte der Wortgeschichte, in: Studium generale, Jg. 16, 1963, H. 7, S. 433 - 444.

Derselbe: Beiträge zur deutschen Verfassungsgeschichte des Mittelalters, Bd. 1: Germanen, Franken, Deutsche, Bd. 2: Städte und Territorien, Göttingen 1963.

Schliephake, K. (Hg.): Beiträge zur Landeskunde Südthüringens = Würzburger Geographische Arbeiten, H. 88, Würzburg 1994.

Schmid, Karl (Hg.): Reich und Kirche vor dem Investiturstreit. Zum 80. Geburtstag von Gerd Tellenbach, Sigmaringen 1985.

Schmidt, Berthold: Geschichte des Reußenlandes, 2 Bde, Gera 1923/1927.

Schmidt, Heinrich: Studien zur Geschichte der friesischen Freiheit im Mittelalter, in: Jahrbuch der Gesellschaft für bildende Kunst und vaterländische Altertümer zu Emden, Bd. 43, 1963, S. 5 - 78.

Schmidt, Heinrich Felix: Der Gegenstand des Zehntstreites zwischen Mainz und den Thüringern im 11. Jahrhundert, in: Zeitschrift für Rechtsgeschichte, Germanistische Abt., Bd. 43, 1922, S. 267 - 300.

Schmidt, Horst: Die Creuzburg. Geschichte und Baugeschichte = Veröffentlichung des Burgvereins Creuzburg e. V. 1995.

Schmidt-Ewald, Walter: Grundlagen und Wendepunkte der thüringischen Geschichte, Jena 1934.

Derselbe: Der Gütererwerb westthüringischer Klöster im Mittelalter, in: Forschungen zur thüringischen Landesgeschichte, S. 115 - 149.

Schneider, Friedrich und Armin Tille: Einführung in die thüringische Geschichte, Jena 1931.

Schoder, Hans: Die Peterskirche zu Erfurt - Historie versuchter Rekonstruktion, in: Stadt und Kultur. Beiträge zur Geschichte Jenas und Thüringens im Feudalismus. Kollektivarbeit unter Leitung von Werner Mägdefrau = Wissenschaftliche Zeitschrift der Friedrich-Schiller-Universität Jena, Gesellschaftswissenschaftliche Reihe, 35. Jg., 3/4 1986, S. 239 - 248.

Scholle, Joseph: Thüringische Kirchengeschichte, Heiligenstadt 1948.

Schubert, Ernst: Naumburg. Dom und Altstadt, Berlin 1978.

Derselbe: Epigraphik und Kunstgeschichte - Die Grabplatte König Rudolfs von Schwaben im Merseburger Dom, in: Walter Koch, Epigraphik 1982 = Österreichische Akademie der Wissenschaften. Phil.-Hist. Klasse, Denkschriften, 169. Bd., Wien 1982, S. 87 - 100.

Schuchardt, Günter: Die Wartburg, München und Zürich 1991.

Schulze, H. K.: Die Entwicklung der thüringischen Pfarrorganisation im Mittelalter, in: Blätter für deutsche Landesgeschichte, Bd. 103, 1967, S. 32 - 70.

Schwarz, Hilmar: Die Ludowinger. Aufstieg und Fall des ersten thüringischen Landgrafengeschlechts = Kleine Schriftenreihe der Wartburg-Stiftung, Bd. 6, Eisenach 1993.

Derselbe: Die Wettiner des Mittelalters und ihre Bedeutung für Thüringen = Kleine Schriftenreihe der Wartburg-Stiftung, Bd. 7, Leipzig 1994.

Schwind, Fred: Thüringen und Hessen im Mittelalter. Gemeinsamkeiten - Divergenzen, in: Michael Gockel (Hg.), Aspekte thüringisch - hessischer Geschichte, S. 1 - 28.

Schwineköper, Berent: Königtum und Städte bis zum Ende des Investiturstreits. Die Politik der Ottonen und Salier gegenüber den werdenden Städten im östlichen Sachsen und in Nordthüringen = Vorträge und Forschungen, hg. vom Konstanzer Arbeitskreis für mittelalterliche Geschichte, Bd. 11, Sigmaringen 1977.

Staab, Franz: Noch einmal zur Gründungstradition des Erfurter Petersklosters, in: Mitteilungen des Vereins für die Geschichte und Altertumskunde von Erfurt, 54. H., N .F. H. 1, 1993, S. 19 - 53.

Steguweit, Wolfgang: Geschichte der Münzstätte Gotha vom 12. bis zum 19. Jahrhundert, Weimar 1987.

Steidle, Hans: Die Entstehung der frühmittelalterlichen Gesellschaft in Ostfranken. Ein Beitrag zur frühmittelalterlichen Gesellschaftsgeschichte und Feudalismusforschung = Mainfränkische Studien, Bd. 46, Würzburg 1989.

Stelzner, Axel: Tabellen zur Geschichte Thüringens, in: Thüringen. Blätter zur Landeskunde, hg. von der Landeszentrale für politische Bildung Thüringen, Erfurt 1992 ff.

Stimmig, Manfred: Die Entstehung des weltlichen Territoriums des Erzbistums Mainz = Quellen und Forschungen zur hessischen Geschichte, Bd. 3, Darmstadt 1915.

Stoob, Heinz: Burg und Stadt bis zum späten Mittelalter, in: Helmut Maurer und Hans Patze (Hg.), Festschrift für Berent Schwineköper zu seinem 70. Geburtstag, Sigmaringen 1982.

Streich, Gerhard: Burg und Kirche während des deutschen Mittelalters. Untersuchungen zur Sakraltopographie von Pfalzen, Burgen und Herrensitzen, I und II, Pfalz- und Burgkapellen bis zur staufischen Zeit = Vorträge und Forschungen, hg. vom Konstanzer Arbeitskreis für mittelalterliche Geschichte, Sonderbd. 29/I-II, Sigmaringen 1984.

Timpel, Wolfgang: Archäologische Quellen zur Funktion mittelalterlicher Befestigungsanlagen, in: Burg und Stadt in Geschichte und Gegenwart. Wissenschaftliche Leitung und Bearbeitung von Werner Mägdefrau=Wissenschaftliche Zeitschrift der Friedrich Schiller-Universität Jena, Gesellschafts- und Sprachwisenschaftliche Reihe 1979, H.3, Seite 349-360.

Derselbe: Gommerstedt. Ein hochmittelalterlicher Herrensitz in Thüringen = Weimarer Monographie zur Ur- und Frühgeschichte, hg. vom Museum für Ur- und Frühgeschichte Thüringens, Bd. 5, Weimar 1982.

Derselbe: Erfurt, in Reallexikon der Germanischen Altertumskunde, Bd. 7, Lieferung 5/6, Redaktion: Viera Graßhoff/Henning Seemann, Berlin und New York 1978. Seite 488 -497.

Derselbe: Neue archäologische Forschungsergebnisse zur Frühgeschichte Erfurts, in: Ulman Weiß (Hg.), Erfurt 742 - 1992. Stadtgeschichte - Universitätsgeschichte, Seite 11 - 20.

Timpel, Wolfgang und Roland Altwein: Das alte Erfurt aus archäologischer Sicht, in Ulmann Weiß (Hg.), Erfurt. Geschichte und Gegenwart, Seite 67 - 80.

Tischer, Helmuth: Die Habichtsburg bei Meiningen, in: Urgeschichte und Heimatforschung, 25, Weimar 1988.

Trott, Elfriede: Die katholischen Kirchen Erfurts, Leipzig/Heiligenstadt o. J.

Tümmler, Hans: Die Geschichte der Grafen von Gleichen von ihrem Ursprung bis zum Verkauf des Eichsfeldes, ca 1100 - 1294, Neustadt/Orla 1929.

Unbehaun, Lutz: Das schwarzburgische Hauskloster Georgenthal, in: Thüringen im Mittelalter. Die Schwarzburger, Seite 233 - 254.

Unger, Manfred: Die Herausbildung des meißnisch-sächsischen Territorialkomplexes und seine sozialökonomischen Grundlagen. 10. bis 15. Jahrhundert, in Sächsische Geschichte im Überblick = Sächsische Heimatblätter, 28. Jg., 1982, H. 5.

Unger, Peter: Zeittafel zur Geschichte der Stadt Arnstadt 704 - 1977 = Veröffentlichungen der Museen der Stadt Arnstadt, H. 4, Arnstdt 1979.

Unger, Peter und Ulrich Lappe: Das Walpurgiskloster bei Arnstadt, in: Thüringen im Mittelalter. Die Schwarzburger, Seite 217 - 226.

Wadle, Elmar: Reichsgut und Königsherrschaft unter Lothar III. (1125 - 1137). Ein Beitrag zur Verfassungsgeschichte des 12. Jahrhunderts = Schriften zur Verfassungsgeschichte, Bd. 12, Berlin 1969.

Wagner, Heinrich: Herkunft und Frühzeit der Grafen von Henneberg, in: Jahrbuch 1991 des Hennebergisch-Fränkischen Geschichtsvereins, S. 23 - 38.

Derselbe: Die Grafen von Henneberg bis zur 2. Hälfte des 13. Jahrhunderts. Genealogische Übersicht, in: Jahrbuch 1992 des Hennebergisch-Fränkischen Geschichtsvereins, S.127 - 136.

Derselbe: Die popponische Linie des Hauses Henneberg, in: Ebenda, S.95 - 126.

Derselbe: Die Grafen von Henneberg. Ein Überblick, in: Frankenland. Zeitschrift für Fränkische Landeskunde und Kulturpflege, Doppelheft 7, 44. Jg., 1992, S. 214 - 221.

Derselbe: Zur urkundlichen Erstnennung des Namens Henneberg, in: Jahrbuch 1996 des Hennebergisch-Fränkischen-Geschichtsvereins, S. 25 - 32.

Derselbe: Entwurf einer Genealogie der Grafen von Henneberg, in: Ebenda, S. 33 - 152.

Wahl, Volker und andere: Beiträge zur Geschichte Schmalkaldens, T. 1/2, Schmalkaden 1974.

Walther, Helmut G.: Traditionen, Kontinuitäten, Konstruktionen: Identitätsfindungen mittelalterlicher Gruppen und Gemeinschaften, in: Matthias Werner (Hg.), Identität und Geschichte, S. 61 - 78.

Wamser, Ludwig (Redaktion und Gestaltung): Aus Frankens Frühzeit. Festgabe für Peter Endrich = Mainfränkische Studien, Bd. 37, Würzburg 1986.

Wartburg - Jahrbuch, hg. von der Wartburg - Stiftung Eisenach, 1992 ff.

Waschke, Thomas: Sankt Peter zu Bergsulza. Geschichte eines Chorherrenstifts in Thüringen, Jena 1996.

Wäscher, Hermann: Die Baugeschichte von Burg Querfurt. Halle 1956.

Derselbe: Die Baugeschichte der Burg Kyffhausen, Halle/Saale 1959.

Derselbe: Burgen am unteren Lauf der Unstrut. Die Neuenburg, Burgscheidungen, Vitzenburg, Wendelstein und andere = Schriftenreihe der Staatlichen Galerie Moritzburg in Halle, H. 19, Halle 1963.

Wegner, Karl-Hermann: Deutschlands Mitte: Hessen und Thüringen - Grundzüge gemeinsamer Geschichte, in: Zeitschrift des Vereins für hessische Geschichte und Landeskunde, Bd. 97, 1992, S. 275 - 284.

Wehnemann, Paul und Max Muth: Thüringer Burgen, Weimar 1932.

Weiß, Ulman (Hg.): Erfurt 742 - 1992. Stadtgeschichte - Universitätsgeschichte, Weimar 1992.

Derselbe: Erfurt. Geschichte und Gegenwart = Schriften des Vereins für die Geschichte und Altertumskunde von Erfurt, hg. von Ulman Weiß, Weimar 1995.

Derselbe: Erfurt in Europa - Erfahrungen und Erwartungen, in: Ebenda, S. 11 - 24.

Wenck, Karl: Die Stellung des Erzstiftes Mainz im Gange der deutschen Geschichte, in: Zeitschrift des Vereins für hessische Geschichte und Landeskunde, Bd. 43 (N. F. Bd. 33), 1909, S. 278 - 318.

Wenzel, Mario: Die Geschichte der Grafschaft Kevernburg von den Anfängen bis zum Aussterben der Dynastie 1385, Jena 1991 (Diplomarbeit, Masch.).

Werner, Gerhard: Geschichte der Stadt Saalfeld, Bd. 1: 9. Jahrhundert bis 1603, Saalfeld 1995.

Werner, Matthias: Die Gründungstradition des Erfurter Petersklosters = Vorträge und Forschungen, hg. vom Konstanzer Arbeitskreis für mittelalterliche Geschichte, Sigmaringen 1973.

Derselbe: Die Anfänge eines Landesbewußtseins in Thüringen, in: Michael Gockel (Hg.), Aspekte thüringisch - hessischer Geschichte, S. 81 - 138.

Derselbe (und H. Ament): Thüringen, Thüringer, in: Lexikon des Mittelalters, Bd. 8, München 1996, S. 748 - 756.

Derselbe: Neustadt, Orlagau und Thüringen im 12./13. Jahrhundert, in: Werner Greiling (Hg.), Neustadt an der Orla. Vom Ursprung und Werden einer Stadt, Rudolstadt 1997, S. 15 - 78.

Derselbe (Hg.): Identität und Geschichte = Jenaer Beiträge zur Geschichte, Bd. 1, Weimar 1997.

Derselbe: *„Ich bin ein Durenc."* Vom Umgang mit der eigenen Geschichte im mittelalterlichen Thüringen, in: Ebenda, S. 79 - 104.

Wiegand, Fritz: Erfurt. Eine Monografie, Rudolstadt 1964.

Winter, Hermann: Aus der Geschichte der St.-Veits-Kirche zu Wünschendorf an der Elster, Gera 1974.

Wissenschaftliche Festschrift zum Jubiläum: *„900 Jahre Henneberger Land 1096 - 1996"* = Jahrbuch 1996 des Hennebergisch-Fränkischen-Geschichtsvereins, hg. in Verbindung mit dem Hennebergischen Museum Kloster Veßra, Kloster Veßra - Meiningen - Münnerstadt 1996.

Wiswe, Hans: Die Bedeutung des Klosters Walkenried für die Kolonisierung der Goldenen Aue, in: Braunschweiger Jahrbuch, Bd. 31, 1950, S. 59 - 70.

Wittmann, Helge: Zur Frühgeschichte der Grafen von Käfernburg-Schwarzburg, in: Zeitschrift des Vereins für Thüringische Geschichte, Bd. 51, 1997, S. 9 - 60.

Wolfram, Rudolf und Hans Drafehn: Die Klosterkirche in Thalbürgel, 2. Auflage, Berlin 1982.

Wolter, Heinz: Die Synoden im Reichsgebiet und in Reichsitalien von 916 bis 1056, Paderborn 1988.

Wölfing, Günther: Wasungen. Eine Kleinstadt im Feudalismus vom 9. bis zum 19. Jahrhundert, Weimar 1980.

Derselbe: Meiningens Entwicklung zur Stadt, in: Jahrbuch für Regionalgeschichte, Bd. 15, 1988, S. 15 - 45.

Derselbe: Die Weihe der Klosterkirche zu Veßra im Jahre 1138 - Überlieferung und Forschung, in: Jahrbuch 1991 des Hennebergisch-Fränkischen-Geschichtsvereins, S. 39 - 55.

Derselbe: Geschichte des Henneberger Landes zwischen Grabfeld, Rennsteig und Rhön, Hildburghausen 1992.

Derselbe: Das Henneberger Land - eine Brücke zwischen Franken, Thüringen und Hessen. Betrachtungen zur Identität einer Region, in: Frankenland. Zeitschrift für Fränkische Landeskunde und Kulturpflege, 44. Jg., August 1992, H. 7, S. 202 - 213.

Derselbe: Das Henneberger Land als fränkisches Gebiet, in: Ebenda, 45. Jg., Dezember 1993, H. 9.

Derselbe: Die Urkunde des Bischofs Embricho von Würzburg für das Kloster Veßra vom 20. Oktober 1144, in: Jahrbuch 1993 des Hennebergisch-Fränkischen- Geschichtsvereins, S. 59 - 94.

Derselbe: Kleine Henneberger Landeskunde, Hildburghausen 1995.

Derselbe: Themar und die Osterburg. Stadt, Burg, Zent und Amt im Mittelalter. Bd. 1: Grenzen und natürliche Verhältnisse. Das Frühmittelalter (bis ca. 1050), Kloster Veßra - Hildburghausen 1996.

Derselbe: Die Grafen von Henneberg - ihre regionale und nationale Bedeutung, in: Jahrbuch 1996 des Hennebergisch-Fränkischen-Geschichtsvereins, S. 9 - 24.

Derselbe: Veßra als Hauskloster der Grafen von Henneberg, in: Ebenda, S. 215 - 244.

Derselbe: Themar und die Osterburg. Stadt, Burg, Zent und Amt imMittelalter, Bd. 2: Das Hochmittelalter (Von der Mitte des 11. Jahrhunderts bis zur hennebergischen Teilung 1274), Kloster Veßra - Hildburghausen 1997.

Zeume, Joachim: Burgen - Symbole der Macht. Ein neues Bild der mittelalterlichen Burg, Regensburg 1996.

Zickgraf, Eilhard: Die gefürstete Grafschaft Henneberg-Schleusingen. Geschichte des Territoriums und seiner Organisation = Schriften des Instituts für geschichtliche Landeskunde von Hessen und Nassau, 22. Stück, Marburg 1944.

Zierfuß, Kurt: Die Beziehungen der Mainzer Erzbischöfe zu Thüringen. Von Bonifaz bis 1305. Phil. Diss. Jena 1931, Neustadt/Orla 1931.

Zieschang, Walter und Edda Henning: Turmgekröntes Erfurt. Die zehn katholischen Stadtkirchen, Leipzig 1984.

Zimmermann, Gerd: Ordensleben und Lebensstandard. Die Cura Corporis in den Ordensvorschriften des abendländischen Hochmittelalters = Beiträge zur Geschichte des alten Mönchtums und des Benediktinerordens, Bd. 32, Münster 1973.

Derselbe: Ecclesia-Franconia-Heraldica. Gesammelte Abhandlungen, hg. zum 65. Geburtstag von Reinhold Jandesek und Ulrich Knefelkamp, Bamberg 1989.

Derselbe: Frühes Zisterziensertum als „alternative“ Lebenshaltung, in: Ecclesia-Franconia-Heraldica, XIX, S. 1 - 23.

Zwischen Ruhla, Bad Liebenstein und Schmalkalden = Werte unserer Heimat, Nr. 48, Berlin 1989.

Werner Mägdefrau 2012. Foto: Harald Rockstuhl

Prof. Dr. Werner Mägdefrau (24. Januar 1931 in Schwarza; † 15. Februar 2021) studierte von 1949 bis 1953 Geschichte, Germanistik und Pädagogik an der Friedrich-Schiller-Universität Jena. Ab 1954 war er wissenschaftlicher Assistent (Promotion 1955) und ab 1969 Dozent für Geschichte des Mittelalters und Regionalgeschichte an besagter Universität (Habilitation 1971). Ab 1974 lehrte und forschte er dort als Ordentlicher Professor für Geschichte des Mittelalters bis zu seiner Emeritierung 1991. Zahlreiche Veröffentlichungen weisen Werner Mägdefrau als Fachmann für die Geschichte des Mittelalters und für Stadt-, Universitäts- und Landesgeschichte Thüringens aus.*

Bücher von Prof. Dr. Werner Mägdefrau im Verlag Rockstuhl

Band 1 – Thüringen im frühen Mittelalter 531–1024
Vom Thüringer Königreich bis zum Ende der Sächsischen Kaiserzeit
200 Seiten mit 57 Abbildungen ISBN 978-3-936030-98-3

Band 2 – Mittelalterliches Thüringen 1024–1130
Vom 11. Jahrhundert bis zur Begründung der Landgrafschaft im 12. Jahrhundert
100 Seiten mit 32 Abbildungen ISBN 978-3-932554-49-0

Band 3 – Thüringen im Mittelalter 1130–1310
Von den Ludowingern zu den Wettinern
334 Seiten mit 243 Abbildungen ISBN 978-3-86777-152-8

Band 4 – Thüringen im späten Mittelalter 1310–1482
Zu Leben und Werk deutscher Könige und sächsisch-thüringischer Landgrafen von Friedrich dem Freidigen über Sigmund bis Wilhelm III., dem Tapferen
318 Seiten mit 249 Abbildungen ISBN 978-3-86777-335-5

Band 5 – Thüringen und das Reich an der Schwelle zur Neuzeit 1482/85–1517/19
226 Seiten mit 208 Fotos, Karten und Zeichnungen. Festeinband
ISBN 978-3-86777-463-5

Band 6 – Thüringen und das Reich um 1500
Aufbruch vom Mittelalter in die Neuzeit
668 Seiten mit 208 Fotos ISBN 978-3-86777-745-2

Thüringer Burgen und Wehranlagen im Mittelalter
Zusammen mit Rainer und Dana Lämmerhirt
184 Seiten mit 85 Abbildungen ISBN 978-3-934748-43-9

Thüringer Städte und Städtebünde im Mittelalter
418 Seiten mit 40 Abbildungen ISBN 978-3-936030-34-1

Ronneburg – Postkarte.
Verlag Kalbfleisch, Geinhausen um 1910